1000人の「そこが知りたい!」を集めました

仕事や育児と両立できる共倒れしない介護

JN075869

監修

NPO法人 こだまの集い 代表理事
看護師・介護福祉士
室津 瞳

日本社会事業大学
非常勤講師
増田裕子

仕事、子育てと、親の介護。同時に直面したら。

日々、働きながらの子育てに追われている毎日。
そんな日常に突然、「介護」が加わったら？
じつは今、そんな「ダブルケア」に悩む人が日本では増加中。
社会問題ともなっています。

オレンジページでは、自分の生活と介護についてのアンケートを実施。1000人以上の方から、さまざまな声が集まりました。

「親に介護が必要になったら、何からやればいいかわからない」
「離れて暮らしているので、いざというときにどうすれば？」

「介護と仕事、どうやったら両立できる？」

「子供の成長を見守りたい時期に、介護まで……」


いつかは避けて通れない親の「老い」と「介護」。

漠然とした不安を抱えている人も多いのではないでしょうか？

しかし、そういった不安も「知る・備える」ことで払拭することができます。


親の介護はある日突然やってくるもの。いざというときに慌てず、そして自分の生活も守りながら対処したい……そのために、今からできることをひとつずつやっていきましょう。

「やっておけばよかった！」と後悔することなく、「介護」の日々を迎えるために。

ほぼ

1000人にアンケート

介護について、みんなのリアルな不安を徹底リサーチ

「具体的なサービスや必要なお金」が上位に！

親の介護について、「受けられる介護サービスの内容」や、「まずどこに連絡をすればいいか」「かかる費用」など、基本的なことを知りたいと思っている人が多いことがわかりました。また、親が認知症になったり体が不自由になったら、どう接したらいいか知りたいという意見も。

介護「そこが知りたい！」ランキング
（n＝794　複数回答／5つまで選択可／上位5位までを抜粋）

1. 要介護度に応じてどのようなサービスが受けられる？…………45.1％
2. 親の介護が必要になったらまずどこに連絡する？……36.8％
3. 認知症になった親との接し方は？……34.2％
4. 要介護度に応じてかかる費用の概算は？…………31.9％
5. 体の自由が利かなくなった親との接し方は？…………25.4％

※アンケートは、2023年11月オレンジページ調べ　対象：「オレンジページメンバーズ」国内在住の男女（回答者数1083人）

育児や仕事との両立について介護の「ここが知りたい！」

遠方の親の介護が
突然必要になったとき、
まずどこを頼ればいいのか
わかりません。
（20代・女性）

子供のお迎えに向かう途中で、
親の病院から呼び出し。
こんなとき、誰に頼ればいい？
（30代・女性）

もしものときのために
親には介護の費用を
貯金しておいてほしい……
でもお金の話はしづらくて。
（30代・女性）

母親と揉めてしまう。
どんなに説明しても
何度同じことを言っても
通じないので、
認知症が始まったと考えて
いいのでしょうか。
（30代・女性）

介護にばかり時間も
労力も取られてしまい、
子供の成長に
目を向けられなかったことに
とっても後悔しています。
（50代・女性）

近くに住んでいる自分に、
介護の負担が
集中しそうで憂うつ。
きょうだいたちともうまく
役割分担したいけど……。
（40代・女性）

できるだけ家で過ごしたい親の
希望は叶えてあげたいけれど、
仕事があるから難しい……
介護離職しないで済む方法は？
（40代・男性）

介護についてやっておけばよかった&この先やらなくてはならないこと

（n＝856　複数回答／5つまで選択可／上位10位までを抜粋）

1. 介護保険で受けられるサービスやかかる費用について調べる … 39.8％
2. 親の様子を気にかけ、連絡をこまめに取り合う …………… 33.6％
3. 親がどのような介護を希望しているか確認する …………… 31.8％
4. 親が保険証、銀行通帳や印鑑などをどこに保管しているか確認する … 31.5％
5. 親が加入している保険の種類や証書のありかなどを確認する … 26.6％
6. 入居できる施設の選択肢や選ぶポイントを調べる ………… 24.4％
7. 親がどのくらい介護費用を準備しているか確認する ……… 21.0％
8. 認知症になった親とどう接すればいいかを知る …………… 20.7％
9. 親の突然の入院などの突発的な対応の方法を知る ……… 20.3％
10. 親の終末期医療に関する希望を確認する ………………… 17.8％

子育てと介護のダブルケアについてやっておけばよかった&この先やらなくてはならないこと

（n＝328　複数回答／5つまで選択可／上位10位までを抜粋）

1. 自分の心身を健康に保つための工夫をする …………… 43.9％
2. 子育てをしながら親の介護を効率よく手配する方法を知る … 30.2％
3. ダブルケアの悩みを相談できる先を見つけておく ………… 26.8％
4. 子育てや仕事で身動きが取れないときに、親の様子を見る人を探しておく … 24.4％
5. 介護者に対する会社の制度（介護休暇など）を調べる …… 21.3％
6. ダブルケアが必要なときの働き方を調整する方法を知る …… 20.4％
7. 配偶者に協力をあおぎ、育児と介護の分担を相談する …… 20.1％
8. 介護離職を避けるために事前にやっておくべきことを知る …… 19.8％
9. 子供の世話を頼れる先を確保する ………………………… 15.5％
10. 認知症になった親と孫である自分の子が触れ合う機会をつくる … 11.6％

こんな声も多数

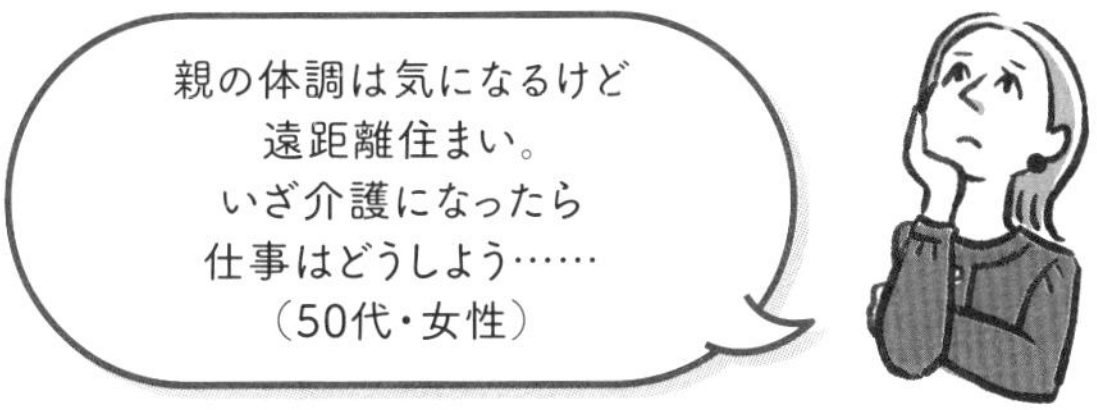

子育て、仕事、介護……
うまく乗り切る知識をつけていこう

いつかはやってくる「親の介護」。わからないことが多いと不安ですね。

親の異変をゆるやかに感じ、介護へ移行するパターンもあれば、ある日突然親が倒れた、病気になったなどで、いきなり介護生活が始まることもあります。アンケートでも、介護未経験者からは「わからないことが多くて心配」「何から調べればいいか……」といった声が多くあがっていました。

一度始まってしまうと、待ったなしの日々が続くのが介護。仕事も子育ても介護も後悔しないよう、今のうちに準備をして来るべき介護の日々を安心して迎えましょう。

頼れる先を確保したり、
外注できるものはして
「無理のない介護」で
共倒れを防ぎましょう

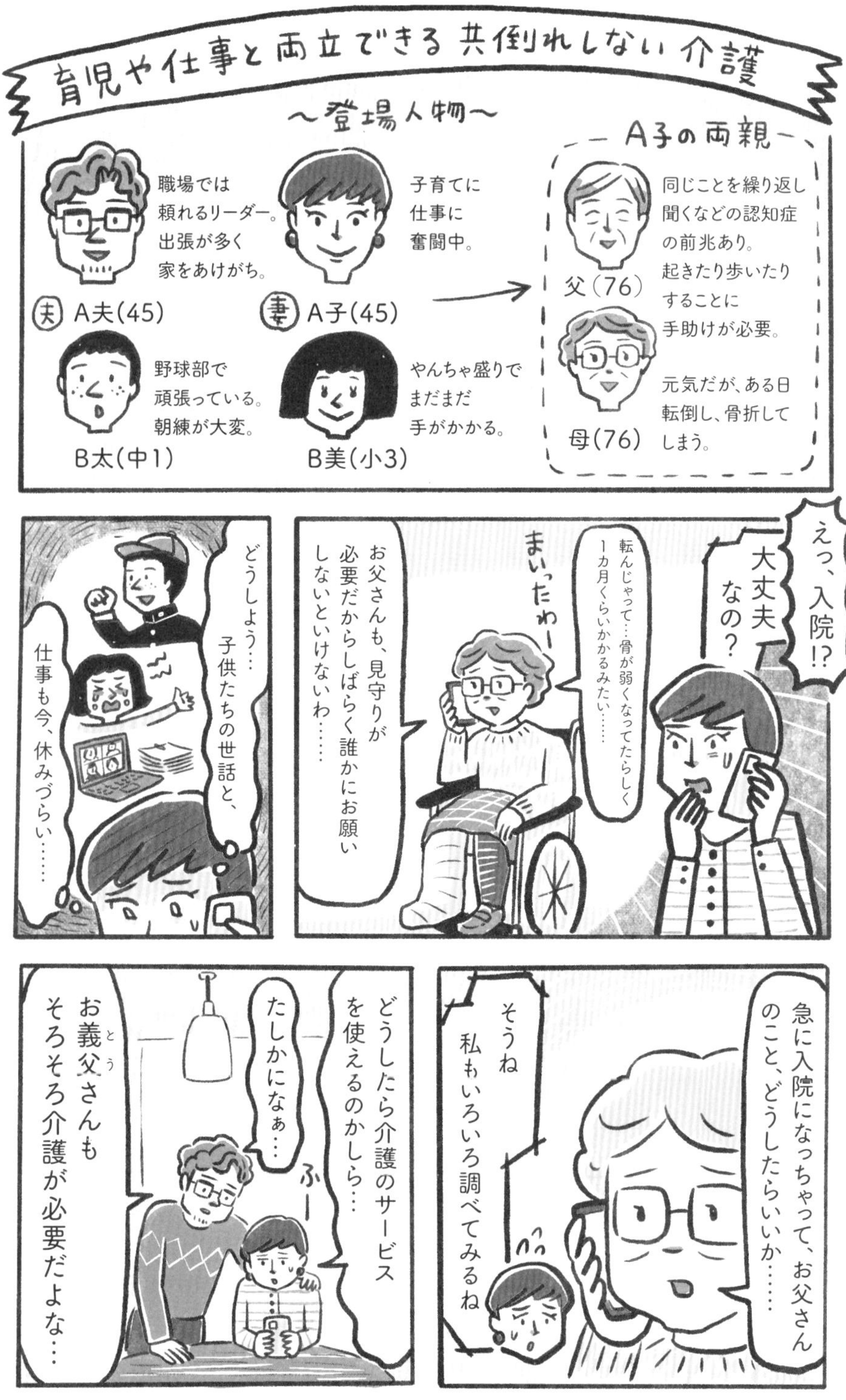

育児や仕事と両立できる 共倒れしない 介護
〜登場人物〜
職場では頼れるリーダー。出張が多く家をあけがち。
夫 A夫(45)
子育てに仕事に奮闘中。
妻 A子(45)
野球部で頑張っている。朝練が大変。
B太(中1)
やんちゃ盛りでまだまだ手がかかる。
B美(小3)
A子の両親
同じことを繰り返し聞くなどの認知症の前兆あり。起きたり歩いたりすることに手助けが必要。
父(76)
元気だが、ある日転倒し、骨折してしまう。
母(76)
えっ、入院!?
大丈夫なの?
転んじゃって…骨が弱くなってたらしく1カ月くらいかかるみたい……
まいったわー
お父さんも、見守りが必要だからしばらく誰かにお願いしないといけないわ……
どうしよう… 子供たちの世話と、
仕事も今、休みづらい……
急に入院になっちゃって、お父さんのこと、どうしたらいいか……
そうね 私もいろいろ調べてみるね
どうしたら介護のサービスを使えるのかしら…
たしかになぁ…
ふー
お義父《とう》さんもそろそろ介護が必要だよな…

お母さんケガで動けないみたい
だけど、不安な思いさせたくないな…
この先どうなるんだろ…
七五三
子供たちもまだまだ手がかかるし、実家も遠いし。その中で親の介護ってどうすれば…
こんなに早く介護について考えなきゃいけないなんてー
?
そういえば昔の知り合いに専門家の先生がいるよ
コーヒーと
ココアだよ〜
次の休みに先生のところへ行ってみようか
えっ本当?いろいろ相談したい
ありがと〜
そのあとお義母《かあ》さんのお見舞いも行こう!
あっ
あっ
〜というわけで、母はまだ元気ですが、ケガが心配で父のことも…
なんとかしたいのですが、介護のことを知らない上に、時間もなくて、どこへ相談に行けばいいのか…
遠くで暮らしていても、できることはありますので、安心してくださいね
増田先生
今から準備していけば大丈夫!まず今の状況から教えてくださいね
室津先生
レッツゴー!!

目次

第2章　親が元気なうちに介護の希望、お金の問題を確認する

第3章　いざ介護が必要になったとき、慌てず動くための基礎知識

第4章　親の突然の体の不調に備える！急なことにどう対応する？

第5章　子育て中の介護、どう乗り切る？

第1章

親の異変を感じたら まずやっておきたいこと

遠方にいるから、なにかあったときすぐに気づけないことが心配です
遠くにいても、日常でさりげなく見守り続けていく方法もありますよ！

知りたいポイント①

親の体の衰えが心配。チェックすべきことは？

answer

ふだんの行動や言動に気をつけてみよう

何気ない瞬間に隠れている変化に注意

元気に見える親も日々、年齢を重ねています。ふつうに暮らす中で言葉や行動に今までと違う「あれ？」という違和感を覚えたり、物忘れが多くなったり、久しぶりに会った親の背中が小さくなった、年をとったなと漠然と感じることがあるかもしれません。

みんなの声
●親と久々に出かけると、歩くのが辛そう。そろそろ介護かな、とドキッとしました

このような小さな違和感に気づいたら、「介護」の準備の始めどき。

なるべく小さなうちに兆しを見つけることができたら、心の準備もできますし、必要以上に慌てずに対処をすることも可能でしょう。

なお、介護の開始には2つのパターンがあります。認知症や体の衰えが少しずつ進み、介護が必要になる場合と、ケガや脳卒中、心筋梗塞、がんなど重篤な疾患が見つかり、ある日突然「要介護」になる場合です。

まずは、P19のチェック項目を参考に、親の現在の状態を確認してみましょう。

〈ここがポイント〉

- **うちの親は「まだ介護は必要ない」と決めつけない**
- **「何もなければいいが、気をつけておこう」と前向きにとらえる**

みんなの声

●親が痩せたなと思ったら、体力の低下が急に進みました。もっと早く気づけていれば……

介護に備えるため、兆しを見逃さないで

高齢者が生活する中で、介護リスクが高まっていないかチェックするリストを厚生労働省が発表しています。左のチェックリストを親の様子に当てはめてみたり、可能であれば親にこのチェックリストで自分の状況を確認してもらいましょう。

この20項目のうち、10項目以上が当てはまる場合は介護リスクが高いということ。見守りの頻度を上げ、介護への準備を始めましょう。

また、脳卒中、脳梗塞などの脳血管系の疾患は、毎日の生活習慣が原因で起きることが多く、高血圧、脂質異常症、運動不足、肥満、飲酒などがリスク因子に。もし親が高血圧や脂質異常症などで医療機関にかかっていたり、既に薬を飲んでいるようなら、かかっている病院や病名、担当医師名を親に教えてもらっておくと安心。

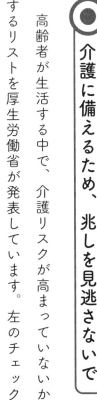

介護リスクのチェックリスト

☑バスや電車で1人で外出していますか
☑日用品の買い物をしていますか
☑預貯金の出し入れをしていますか
☑友人の家を訪ねていますか
☑家族や友人の相談にのっていますか
☑階段を手すりや壁をつたわらずに昇っていますか
☑椅子に座った状態から何もつかまらずに立ち上がっていますか
☑15分間くらい続けて歩いていますか
☑この1年間に転んだことがありますか
☑転倒に対する不安は大きいですか
☑6ヶ月間で2～3kg以上の体重減少がありましたか
☑BMI（体格指数）が18.5未満ですか（BMI＝体重（kg）÷身長（m）÷身長（m））
☑半年前に比べて固いものが食べにくくなりましたか
☑お茶や汁物等でむせることがありますか
☑口の渇きが気になりますか
☑週に1回以上は外出していますか
☑昨年と比べて外出の回数が減っていますか
☑周りの人から「いつも同じことを聞く」などの物忘れがあると言われますか
☑自分で電話番号を調べて、電話をかけることをしていますか
☑今日が何月何日かわからない時がありますか

※厚生労働省「基本チェックリスト」より一部抜粋

知りたいポイント②

遠隔で見守るには どんな方法がある？

answer

民間サービスやIT機器などを活用し ゆるやかに見守ろう

親の体調変化に気づくための「見守り」を意識して

みなさんは最近、いつ「親」に会いましたか？　遠方で暮らしているので、顔を合わせるのは年に1～2回……という人も多いのではないでしょうか。

みんなの声

●離れて暮らしているので、病気の前兆などに気がつくことができるかが心配です

なかなか親に会えない人は、こまめに電話やテレビ電話で様子を確認したり、P22のような見守りサービスを利用することで、ちょっとした変化にも気づくことができます。また、お盆やお正月などで久しぶりに会ったときは、親の変化に気づくことができるチャンス。日常生活をよく見て、チェックをしておきましょう。

「親が高齢で心配だから」と、赤ちゃんやペットなどに使う見守りカメラを使うという考えが思い浮かぶかもしれませんが、カメラはどうしても親のストレスになることが多いもの。症状がかなり進行している場合を除いて、「さりげなく見守る」方法をまずは探りましょう。

〈ここがポイント〉

ふだんの会話や態度から、変化がないかを探そう

これって何？

「親」と同居している割合は？

親世代（65歳以上高齢者）と子世代（既婚）の同居比率はこの約40年で46.7％から7.5％へと約6分の1に（厚生労働省「国民生活基礎調査」2022年より）

ゆるやかに見守るためのアイデアリスト

遠方に暮らしていてふだんはなかなか会えない……そんな場合は、次のようなツールやサービスの利用を検討してみましょう。月額費用や親の状態、意向に合わせて選びましょう

●**見守りアプリ**……決まった時間にアラームを設定し親にタッチしてもらう、安否メッセージを簡単に送れるなど、距離を保ちながら見守りを可能にするスマホアプリが各種登場している。無料～月額500円程度

●**スマートスピーカー**……ディスプレイ付きのものを自宅と親の家に用意し、繋いでおけば日常的に顔を見て会話をしたり、緊急時に様子を見ることも可能。Wi-Fi接続が必要なものが多い。価格は7000～30000円程度と幅広い

●**家電**……電気ポットの利用や冷蔵庫の開閉、電球や電池などの利用状況を子のスマホに通知することで見守りができる。専用製品の購入&月額利用料が必

※金額の目安は2023年12月現在

要で、月額500〜3000円と幅がある

●**電気使用量**……電気使用量をチェックしいつもと違う状況になったら、指定したスマホに知らせてくれるサービスを電力会社が実施。初期費用別途で月額500〜1000円のものが多い

●**警備会社**……家にセンサーを取り付け一定時間家の中に動きがないと通知が来る「センサー型」、部屋に取り付けた装置などのボタンを押すだけですぐに警備員が駆けつける「通報型」などさまざまなサービスがある。初期費用はどちらも1万〜数万円程度かかり、センサー型は月額2000〜5000円程度、通報型は月額2000〜3000円程度

●**配食サービス**……高齢者の家に食事を届ける際に様子を確認し、変化があればお知らせするサービス。一食あたり500円前後のところが多い。自治体で補助が出ている場合も

これって何？

宅配業者とIOT機器の見守りも

ヤマト運輸の「クロネコ見守りサービスハローライト訪問プラン」は、トイレや廊下など毎日使う電球を、SIM内蔵のものに替えることで、異常を感知したり、訪問依頼を受けると担当スタッフが様子を窺いに行くサービス。月額1078円。

知りたいポイント③

認知症の症状が進むのを遅らせたい。どうすれば？

answer

家族でもできることがある

まず現状を把握して早めの治療を

同じことばかり言うようになった、自分の物をどこかに置き忘れるなど、高齢になるとこのような症状が現れてきます。

そのまま放置すると、どんどん悪くなるかもと不安になりますね。

認知症は早めに治療を開始すれば、治すことはできなくても進行

みんなの声
●認知症の早期発見のためにも、家族が気をつけることが知りたい

を遅らせたり、症状を軽くできる可能性があります。

〈ここがポイント〉
・どんな様子なのか、きちんとメモを取っておく
・本人も混乱しているので、責めるような言葉は使わない

もの忘れ外来を受診して原因を見つける

認知症の疑いを持ったら、**まず総合病院などに設置されている「もの忘れ外来」を受診しましょう。**認知症の原因を特定し、適切な治療をいち早く開始することが大切。

原因となる疾患は数多くありますが、アルツハイマー型認知症が全体の約68%、そして脳血管性認知症とレビー小体型認知症、前頭側頭葉型認知症の3種類で全体の約25%を占めています（厚生労働

これって何？
もの忘れ外来
老化による「もの忘れ」と疾患による「認知症」を判別し、認知症を早期発見・治療するための外来。専門医に診てもらうことで適切な診断ができる。

省「認知症施策の総合的な推進について」（2019年）。
認知症の原因によって進行も症状も効果のある薬も違うので、早めに医療機関の診断を受けることが大切です。

病院に行きたくないと言われたら

いきなり認知症が疑われるなどと言うと親のプライドを傷つけ、機嫌を損ねることもあるので、「病院に行こう」と伝える場合も注意が必要です。

- 「一緒に行ってみない？」と誘う
- かかりつけ医や訪問診療の医師に相談する
- もの忘れ相談に応じている保健所もあるので、「保健所で健康診断を受けよう」と伝える

これって何？

認知症の種類と症状の違い

アルツハイマー型は「新しく記憶すること」ができず体験そのものを忘れてしまう、レビー小体型は記憶障害のほかにも認知機能の変動や幻視、パーキンソン症状を伴う、血管性は障害を受けた脳の部位によってさまざまな症状が生じる、前頭側頭葉型認知症は常同行動などの差異がある。

みんなの声
●認知症の人への良い接し方がわからず不安。教えてくれる場所があれば知りたい

地域の「認知症カフェ」を利用する方法も

「認知症カフェ」をご存知でしょうか？　認知症の方や認知症の疑いのある方、その家族、地域の方、専門職など誰もが気軽に参加でき、おしゃべりや情報交換をする場です。

2021年度の厚生労働省の調査によれば、開設は全国で約7900か所。通常のカフェのように常設の場所もあれば、イベント的に開催される場合も。認知症になっても住み慣れた地域で安心して暮らし続けることを主目的とした場所ですが、認知症の疑いを持った当事者とその家族が認知症カフェを訪れることで、「**認知症とはどんなものか**」**という理解が深まったり、自分たちの状況を受け入れるための手助けとなることもあります**。

WEBサイトや地域包括支援センターなどで開催場所の情報が手に入りますので、気になった方はぜひ足を運んでみましょう。

「おかしいな」と思ったらまずは記録を

親の様子で何か「おかしいな、いつもと違うな」と思うことがあったら、必ずメモなどで記録しておきましょう。それが病気の早期発見に繋がることがあります。ふと気づいた違和感的なものも、こまめに日付を入れてノートなどに書いておきましょう。

数カ月後に見返して、症状が出る頻度が高まっていたり、進行している様子があれば、医師に相談するタイミングです。不安なときはまず専門医に相談しましょう。

「もの忘れ」と「認知症」の違いは？

年をとればだれでも、思い出したいことがすぐに思い出せなかったり、新しいことを覚えるのが困難になったりするもの。しかし認

これって何？

認知症患者の人数は？

65歳以上の認知症患者数は年々増加しており、2025年には約675万人（有病率18.5%）と5.4人に1人程度が認知症になると予測されている（内閣府「平成29年度版高齢社会白書」より）。

知症は、このような「加齢によるもの忘れ」とははっきりと違いがあるのが特徴です。

下の表に一例を挙げましたが、認知症の場合は「体験したこと」そのものを忘れてしまうのが大きな特徴となります。例えば約束したことを覚えていない、物をしまい込んだことを忘れてしまい「盗まれた」と言うなど。「うっかり忘れた」とは明らかに違う「もの忘れ」の兆候が出だしたら、認知症の疑いが。

まれに、認知症のような症状が出る別の病気（うつ、せん妄など）だったり、甲状腺機能低下症などの体の病気から認知症と同様の症状を引き起こしている場合も。いずれにせよ、そういった疾患を見つけるためにも医師の診察が不可欠です。

「加齢によるもの忘れ」と「認知症によるもの忘れ」の違い

	加齢によるもの忘れ	認知症によるもの忘れ
体験したこと	一部を忘れる 例）朝ごはんのメニュー	すべてを忘れている 例）朝ごはんを食べたこと自体
もの忘れの自覚	ある	ない（初期には自覚があることが少なくない）
日常生活への支障	ない	ある
症状の進行	極めて徐々にしか進行しない	進行する

※政府広報オンライン「知っておきたい認知症の基本」2023年時点 より

知りたいポイント④

もしかして介護が必要？どこに相談すればいい？

answer

まずは地域包括支援センターに相談を

地域包括支援センターについて知ろう

親の言うことがどうもおかしい、ふさぎ込んでいるなど、今までと違う様子が見られたら、まず頼りたいのが親が住んでいる地域にある「地域包括支援センター」です。

地域包括支援センターは介護に関するサービスの相談をはじめ、

みんなの声
●家族に介護が必要になったとき、どんなところに相談に行けば良いのかわからないので、まずは「窓口」を知りたいです

地域ぐるみで高齢者の方を総合的・包括的に支える機関。高齢者や家族の相談窓口として、ちょっとした親の変化に対する不安でも、気軽に相談できる存在です。

気になることがあった場合は、まずは電話してみましょう。この先、介護サービスの利用が必要になった場合にも、**基本的には親の居住地域にある地域包括支援センターが支援の中心となっていきます**。どんなことを行ってくれるのか、どんな機関で、どんな担当者がいるのかを知っておくだけでも、安心して備えることができます。

〈ここがポイント〉
最寄りの「地域包括支援センター」は、介護の窓口的存在。早めに把握しておくと安心

これって何?

地域包括支援センター

設置主体は市町村となり、30分以内で駆けつけられる概ね中学校区ごとに設置。保健師・社会福祉士・主任介護支援専門員等が配置されている。

地域包括支援センターの機能・役割を知ろう

地域包括支援センターは介護に関して、主に次の2つの機能を持ちます。

●介護予防のケアマネジメント

今後介護が必要となる可能性が高い人に向けて、体の状況の悪化を防ぎ、今までの生活が続けられるよう介護予防をサポートします。

●高齢者の生活や介護にまつわるさまざまな相談受付

高齢者の方と家族のさまざまな困りごとに関する相談を受け付け、総合的に対応。解決できるよう、必要なサービスや制度を紹介し、実際のサービス利用に繋げます。

地域包括支援センターは現在、全国に5404か所（窓口、支所を含めると7409か所 ※令和4年4月末現在の厚生労働省老健局認知症施策・地域介護推進課調べ）。相談料は無料なので、どうしたらいいか迷っていること、困ったことなどがあったら、気軽に相談してみましょう。

最寄りのセンターがどこにあるかわからないときは、お住まいの自治体市役所、区役所などのWEBから管轄のセンターがわかります。もしくは、下記のサイトから親の居住地域に該当する地域包括支援センターを検索することも可能です。

地域包括支援センター検索サイト

右のサイトでは、調べたい場所の最寄りの地域包括支援センターを検索できます。（（株）チェンジウェーブグループ運営「ライフサポートナビ」） 窓口開設時間は、平日あるいは土曜の朝9時～夕方6時くらいのところが多いので、親の居住地にあるセンターがわかったら、電話で相談してみましょう。

地域包括支援センターに相談する際には

何からどう話せばいいのか、不安な場合は、聞きたいことを事前にメモに書いてまとめておきましょう。電話相談や面談の前に巻末の「介護プラン記入シート」に記入して用意しておくと安心です。

「地域包括ケアシステム」ってなに？

「地域包括ケアシステム」とは、団塊の世代が75歳以上となる2025年を目途に、**高齢者が住み慣れた地域で自分らしい暮らしを人生の最後まで続けることができるよう、「住まい」「医療」「介護」「予防」「生活支援」が切れ目なく一体的に提供される体制のこと。**超高齢化社会における介護へのニーズの高まりから、厚生労働省がシステムの実現を目指して提唱しています。

「地域包括ケアシステム」はお金の出どころや役割によって、4つの「助」の要素に分けて考えることができます。下の図表にあるように、自助・互助・共助・公助の4

4つの「助」から見た地域包括ケアシステムの仕組み

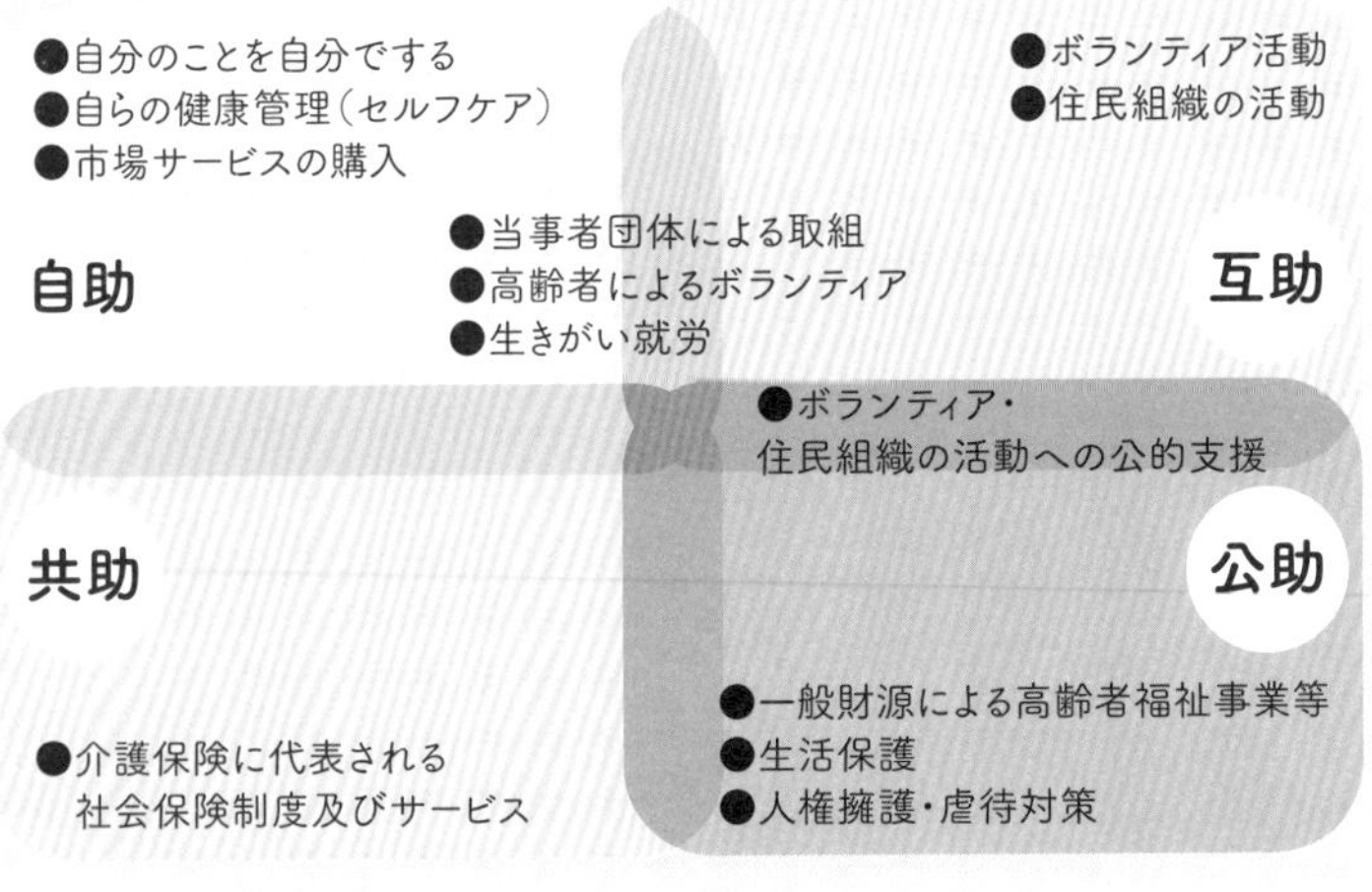

※厚生労働省　地域包括ケア研究会報告書（2013年）より

つの「助」がそれぞれ連携し、問題を解決していく、という形になります。

その上で、地域住民・介護事業者・医療機関・町内会・自治体・ボランティアなどが一体となって地域全体で取り組む……それが「地域包括ケアシステム」です。

つまり、この考え方は単に高齢者が「介護サービスを利用する」というだけでなく、介護が必要になる状態を予防したり、地域でお互いに交流して暮らしを支え合うことも重視するものです。

高齢化社会において地域が抱える問題は、場所によって差があるのが特徴です。例えば大都市部では75歳以上の人口が急増していますし、町村部などでは75歳以上人口の増加は緩やかですが人口は減少。それぞれの状況に伴い、必要な支援や地域ネットワークの形というのは変わってきます。

65歳以上の人口が総人口の28・4％（内閣府データ　2019年）という「超高齢社会」に既に突入している日本の社会を支えるのが「地域包括ケアシステム」。その中核を担うのが「地域包括支援センター」となります。

これって何？

超高齢社会

WHO（世界保健機関）と国連の定義に基づき、65歳以上 の人口が総人口（年齢不詳を除く）に占める割合が7％を超えると「高齢化社会」、14％を超えると「高齢社会」、21％を超えると「超高齢社会」と呼ばれる。

知りたいポイント⑤

「介護保険」について教えてほしい！

answer

要介護になったときに利用できる、心強い制度です

「要介護度」と所得により自己負担額は変動

親に介護が必要になったとき、まず「どれくらいお金がかかるのだろう？」と心配になる人も多いはず。そんな人に心強い味方となるのが介護保険制度です。65歳以上で要介護状態または要支援状態になった場合、訪問介護や介護用品のレンタル、施設入所といった介護サー

ビスを利用する際に費用の一部を保障してもらえます。

介護申請からサービスを受けるまでの流れ

①要介護認定の申請
親が在住する地域包括支援センターや市区町村の介護保険担当窓口へ要介護認定の申請
※申請には、親の介護保険被保険者証が必要

↓

②認定調査・主治医意見書
認定調査員が自宅・病院を訪問。同時に主治医がいる場合は主治医意見書をもらう

↓

③審査認定
介護認定審査会で要介護度を認定

↓

④被保険者証の発行
申請してから原則30日以内に発行される

↓

⑤介護サービスの計画書（ケアプラン）作成
要介護者は民間事業者である居宅介護支援事業所、要支援者は地域包括支援センター、それぞれのケアマネジャーが作成

↓

⑥契約・介護サービスの利用開始

これって何？

介護保険料

介護が必要な高齢者を社会全体で支える仕組み。財源は税金や高齢者の介護保険料のほか、40歳から64歳までの健康保険加入者（介護保険第2被保険者）の介護保険料（労使折半）等により支えられている。

親との「世帯」が同一かどうかによっても、自己負担額が変わる

介護保険は、被保険者の所得によって自己負担額が1〜3割の間で変わります。収入が高い人は自己負担額も高くなります。

ポイントは、この収入というのは「世帯収入」で算定されるということ。親と子が同居して「同一世帯」となっていると、親の収入が低くても子の収入が高い場合は、自己負担額の割合は上がります。

親が同一世帯であり、かつ扶養していると扶養控除が利用できるため住民税は安くなりますが、この介護保険のデメリットが発生してしまいます。もしも自己負担額が極端に上がってしまう場合は、親との「世帯分離」を行い、親と子を別世帯にすることで自己負担額を下げるという方法もあります。

ただし、世帯分離には「生計を同一にしていないこと」を証明す

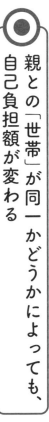

る必要があります。親と同居している場合は、状況によってどの方法がベストか慎重に検討しましょう。

この世帯分離はあくまでも「生計を分ける」ためであり、実際には親の生活費を出していても「介護保険料を安くするため」という理由で申請すると、役所で断られる可能性もあります。悩んだ場合は、地域の地域包括支援センターやファイナンシャルプランナーに相談してみましょう。

〈ここがポイント〉

- **親を扶養に入れるかどうかで、介護保険の自己負担額が変わることも**
- **自己負担割合を下げるには、「世帯分離」という方法も**

これって何？

世帯分離

世帯とは法律の定義では「住居及び生計を共にする者の集まり。又は独立して住居を維持し、若しくは独立して生計を営む単身者」。同居していながらも家族間（主に親と子）の世帯を分けることを世帯分離という。

知りたいポイント⑥

介護スタートのタイミングでどんな準備が必要？

answer

施設入所や介護費用の準備はもちろん長期戦に備えた心構えも

介護が必要になる期間をまず想定してみよう

親の様子がおかしいと思っていたら、いつのまにか認知症になっていた。歩くのが遅くなったと思っていたら転んで骨折し、歩けなくなった。ある日突然入院して、そこから介護が始まった……など。

これって何？

健康寿命

健康寿命とは「健康上の問題で日常生活が制限されることなく生活できる期間」を言う

介護が必要な状況は、子供が気づかないうちに迫っているものです。

徐々に始まることもあれば、突然スタートすることもある。そして終わりが見えない……それが介護の難しいところ。では実際、介護はどのくらいの期間必要になるのでしょうか？

下図に示したデータでは、日本人の平均寿命は男性81・41歳、女性87・45歳です。あくまでも平均寿命は「生きている期間」であり、「元気で生きている期間」は「健康寿命」が指し示すことになります。平均寿命のデータから平均健康寿命を差し引いた年数が、「介護や支援が必要な平均期間」ということに。

少なくともこの期間は介護が必要になる可能性があると考え、**長期的視野で計画を立てておきましょう。**

	男性	女性
平均寿命	81.41 歳	87.45 歳
健康寿命	72.68 歳	75.38 歳
平均寿命－健康寿命	**8.73 年**	**12.07 年**

▲ ▲

「介護が必要になる可能性がある平均期間」

※内閣府「令和4年版高齢社会白書」（2022年）より

みんなの声
●介護は子供がするという時代ではないことをきちんと理解してほしい

親が高齢になったらなるべくこまめに連絡を

親と離れて暮らしていると、「独立したいい大人だし……」と思い、なかなか連絡を取らない人も多いのではないでしょうか。中には「困ったり具合が悪くなったら連絡が来るはず」と思っている人も。

しかし、これは大きな間違い。**親の中には「困ったときほど、子供には報告をしづらい」という人もいます。**例えば年に1～2回、お正月やお盆などに顔を合わせたときに「あれっ？」と違和感に気づき、その時にはもう親の体調悪化や認知症は進んでいてすぐに介護が必要に……というケースは往々にしてあるもの。

できれば、親が高齢になったり、健康状態に少し不安を感じるようになったら、こまめに連絡を取るようにしましょう。病気によっては早期発見で病気を治療できたり、進行を遅らせることができることもあります。

親が元気なうちに本人&きょうだいと話し合いを

介護はなるべくなら、親と家族の意向をすり合わせて、ベストな形を探りたいもの。しかし困るのは、そういった話し合いができないまま介護がスタートしたり、認知症や脳疾患などで親と「話し合いができない状態」になってしまうことです。

詳しくはP52でお話ししますが、早めに親やきょうだい、周囲の人たちと「介護が必要になったときはどうするか」という話し合いをしておきましょう。その時には、**自分の仕事や子育ての状況、何をどこまで協力できるかということを、なるべく正直に話しておくことが重要です。**

介護は、前述のように長い期間がかかることが見込まれ、先の見通しが立てにくいもの。だからこそ、早めに準備をしておきましょう。

知りたいポイント⑦

親の介護が必要になったとき、自分のメンタルコントロールは？

answer

親の変化は、できるだけ客観的に見るようにする

急に訪れる親の介護、自分の気持ちを大事に

親の介護が必要になったとき、辛いことの一つが、「自分の気持ち」の扱い方です。

高齢になり、身体機能の低下が見られたり、認知症になって、子

みんなの声
●親が認知症になったとき、自分自身がなかなか受け入れられなくてストレスでした

供である自分のことがわからなくなったり、感情がコントロールできなくなった親とどう向き合えばよいか悩んでしまうことも。

今までは子供として「親は自分を見守ってくれる存在」であったと思いますが、親が年を重ねていくと「親は自分が見守る存在」へと変わっていくもの。人は生まれてからできることが増えていく一方、年を取ることで不自由な部分が出てくるものです。親の姿は、将来の自分の姿でもあります。親の姿を客観視して、心の整理をするのもいいでしょう。

自分と同じように現在親を介護している友人や、過去に介護経験のある友人は周りにいますか？　そのような友人と話すのも有意義です。**愚痴、悩み、困っていることなど、お互いに話せば完全に解決はできなくても、気持ちが整理できてすっきりします。**

知りたいポイント⑧

急な入院。退院後の生活を見据えて入院中に何をすべき？

answer

病状と治療方針を確認、今後の生活の見通しを立てる

治療に関しては医師に、生活に関してはMSWに相談

親が急に倒れて救急搬送された。そんなときは冷静に判断するのが難しいもの。

しかし、ここは慌てず、親の症状と今後の状態を医師に聞きましょう。

そして、親の病状から介護が必要になる見通しなら、退院後については専門家に相談するのが一番です。

既に介護認定を受けていて担当のケアマネジャーがいる場合は、そのケアマネジャーに。介護認定を受けていない場合は、入院した病院に常駐しているMSW（医療ソーシャルワーカー）に相談しましょう。今後の見通しなどを含めて、総合的にアドバイスが受けられます。

〈ここがポイント〉

・入院したらまず、MSW（医療ソーシャルワーカー）に相談を

・現状の要介護度と、それがどのように変わる見込みかを踏まえ、今後の見通しを立てる

これって何？

MSW（医療ソーシャルワーカー）

病院、保健所などの保健医療機関のソーシャルワーカー。医療機関などに常駐し、患者やその家族が抱えている経済的・心理的・社会的な問題を、社会福祉の観点から支援する。

MSWに相談する内容

●受診や受療の援助（主治医の説明がよく聞き取れなかった、わからなかったが質問しづらい、といった悩みの相談）

●介護をサポートできる人員や家庭状況の共有

●具体的に必要な介護の中身（リハビリや車椅子利用の有無など）

●介護認定を受ける、あるいは要介護度が変わっている可能性があれば再度、介護認定を受けるか

MSWは医師や、ケアマネジャーとも連携しているので、退院後に必要な介護サービスについて、入院中から手配を進めることができます。また、医療費が高額になりそうなときは加入している公的医療保険に事前に申請して高額療養費制度の「限度額適用認定証」をもらっておけば、窓口では自己負担分額の上限までの支払いですみます。

これって何？

高額療養費制度

ひと月の医療費が高額になった場合、定められた上限額を超えた分を払い戻してもらえる制度。収入により医療費の自己負担の上限額が決められていて、それ以上は支払う必要がない。

みんなの声
●自分で何をどれだけすればよいのか、
他人にはどれだけ頼れるのか、
頼るとして費用はどれだけかかるか知りたい

具体的な介護の手配は、ケアマネジャーに相談

在宅介護でも施設に入所する場合でも、今後の具体的なケアについては、ケアマネジャーに相談しましょう。MSW（医療ソーシャルワーカー）から連絡が来ている場合は親の現状は把握してくれていますし、ケアマネジャーは介護のプロなので、こちらの状況に合ったプランを作成し提案してくれます。

在宅介護になる場合、親が自宅で過ごしにくい環境であれば、手すりや段差解消のためのリフォームをする選択肢も。介護のためのリフォームは、上限20万円までの工事に関しては介護保険の制度を利用できるので、大きな出費を抑えられることも（※利用には諸条件があり）。

なお、このような申請は自分でする必要がありますが、ケアマネジャーが対応できる部分はお願いして手配してもらいましょう。

まとめ

第1章

親の異変を感じたら まずやっておきたいこと

- 親の異変をなるべく早くキャッチして、
介護が必要になる前に早めの準備を

- 親の変化はゆるく見守る。
監視するのではなくあくまでさりげなく

- 認知症は治すことはできないが、早期の治療開始で
進行を遅らせたり、症状を軽くできる場合がある

- 介護は突然始まり、長期にわたるものと考え、
事前に話し合いを

- 急な入院のときは、医師とMSW（医療ソーシャルワーカー）、
ケアマネジャーに相談して、退院後の介護計画を立てる

第2章

親が元気なうちに介護の希望、お金の問題を確認する

介護ってどのくらいの費用が必要なのでしょうか
今のうちに確認しておきましょう！
それと、
親御さんの貯金や年金がどれくらいあるかも確認しましょう

知りたいポイント⑨

親が元気なうちに話し合っておくべきことは？

answer

介護の希望や生活の様子、交友関係やお金のことも確認

最初に「思い」を伝えれば話し合いがスムーズに

介護の話は、切り出される親のほうも気持ちの整理がまだついていない可能性があります。うまく話を進めないと、心を閉ざしてしまったり、感情的になって衝突してしまうことも。

みんなの声

●介護のことは親に聞きにくいけど、予め親の思いを汲んでおきたい

そんな状況を避けるためには、いきなり「だれが介護を担当するのか」といった具体的なことを話すのではなく、「もし何かがあったときにはきちんと対応したいし、今後も安心して暮らしてもらえるように話をしておきたい」という**「家族としての自分の思い」を最初に伝えるようにしましょう。**

「親や家族のことを思っているからこそ、話し合いをしたい」という思いを理解してもらうことで、お互いに本音をスムーズに話すことができるようになります。その上で、家族それぞれが介護についてどう思っているか、自分たちはどれだけサポートができるか……といった具体的なことを時間をかけて話し合いましょう。

話したいことはなるべく事前に整理しておくと、のちのちのトラブルや後悔が少なくなります。

介護スタート時に把握しておきたいことを確認

それぞれが独立して生活をするようになると、親の生活の様子はわからないもの。必要になったときに困らないよう、あらかじめ聞いておきたいことがあります。

まず突然何かあったときのために、健康保険証の収納場所、入院になった場合、どこからお金を出すのかなどは、最初に聞いておきます。

その際にも自分たちが困るからではなく「親を手伝いたいので、どうしたらいいか聞かせて」など、親を思いやる話し方を心がけましょう。こういったことを、エンディングノートに書き残す方も増えていますが、わざわざエンディングノートを準備してもらわなくても、次のような項目を知っておきたいリストとして親に記入してもらうか、聞いて書いておきましょう。

みんなの声
- ●どういう情報をどこで調べるといいのか
- ●なかなか兄弟姉妹で話す機会がない

みんなの声
●誰かに大きな負担のかからない介護にできるといいい
●手が足りないなら施設もしかたないと思う

●**日常生活**　起床・就寝時間、食事の時間と内容（メニューなど）、入浴の頻度と何時頃に入っているか、外出の頻度と時間や行き先、趣味や自宅での過ごし方など

●**友人関係**　どのような人とどのような交友関係があるか、親しい人の名前と連絡先

●**介護の希望**　家で介護を受けたい、あるいは迷惑をかけたくないから施設に入りたいなど

●**経済状態**　年金受給額と振込口座、銀行口座の情報や預貯金、不動産、株など資産の情報、ローンの状況、加入している生命保険、通帳やカード・印鑑・介護保険被保険者証の場所

●**利用しているサービスなど**　新聞やサブスクリプションなど定期購入しているサービスの有無、ＰＣや携帯電話のＩＤ・パスワード

●**延命措置について**　救急搬送されたときなど、延命措置をするかしないかの選択を予め本人に確認する

これって何？
延命措置
生命の維持が難しくなった患者に対し、医療的措置によって「延命」を目的に治療すること。

みんなの声
●介護の準備といっても
何から手をつけていいのかわからない
●認知症になったら徘徊が心配

ご近所にも協力してもらえる関係づくりを

認知症で徘徊して迷子になったり、もしくは体が不自由になり、火事や地震の際に助けが必要となるなど、いざというときにはご近所の方の助けが必要なことも。離れて暮らしている場合は、ご近所の方と連絡を取り合える関係になっておいたほうが安心できます。親の交友関係や近所で頼りにできる人を確認し、連絡先を交換したり、コミュニケーションを取っておきましょう。

もしも周辺に該当する人が居ない場合は、地域の民生委員を探して頼ってみましょう。民生委員が誰かわからない場合は、居住している市区町村に問い合わせると地域の担当者を紹介してもらえます。

これって何？

民生委員
民生委員法に基づいて厚生労働大臣から委嘱された非常勤の地方公務員。地域住民の立場から、生活や福祉全般に関する相談・援助活動を行っている。

そろそろ免許返納、その手順

高齢者ドライバーによる事故のニュースなどを聞くと、自分の親にも免許の返納を促したほうがいいのでは、と思う人は多いでしょう。

免許返納には特に決められた基準はありませんが、最近あまりクルマに乗る機会がなさそうだったり、判断力の低下を感じ運転させては危険だと思ったら、返納の時期と考えましょう。

免許の返納は特に年齢制限はなく、地域の警察署か運転免許試験場、運転免許更新センターなどに運転免許証を持っていけばOKです。運転免許を更新しなければ自動的に失効しますが、免許を自主的に返納した場合、希望者は運転免許と同等の身分証明書であり、バスやタクシーなど交通機関の割引も受けられる「運転経歴証明書」をもらうことができます。失効した場合も有効期限切れの日から5年以内であれば、運転経歴証明書をもらうことは可能です。

高齢者ドライバーによる事故のニュース報道があった際などに「70歳以上は返納する人が多いらしいよ」と免許返納に関するデータなどを伝えたり、自主返納によって受けられる割引特典などについて話すことで、自主返納を前向きに考えてもらう話し合いをしてみましょう。乗る機会が減っている場合は、車検や自動車保険などの維持費を具体的に確認し、「タクシーや公共交通機関を使った場合」と比較するのも良いでしょう。

知りたいポイント⑩

介護って、費用はいくらくらいかかるの？

answer

親の希望を踏まえて必要な額を試算しよう

在宅と施設では費用面に大きな違い

親が要介護状態になったとき、なるべく親が希望する介護スタイルをかなえて上げたいとは思うものの、選ぶ上で重要になるのは「費用」の問題。**在宅介護か、施設に入所するかによって、かかる費用は大きく変わってきます。**

みんなの声
●できれば介護費用は親自身で用意しておいてほしい
●親の年金だけで足りるか不安です

過去3年間に介護経験がある人を対象に、3年間の介護費用の自己負担額を調べた結果、介護に要した費用（公的介護保険サービスの自己負担費用を含む）は、住宅改造や介護用ベッドの購入費など一時的な費用の合計が平均74万円、月々の費用が平均8・3万円。また、介護場所別に月額の介護費用を見てみると、在宅は平均4・8万円、施設は平均12・2万円となっています（公益財団法人生命保険文化センター2021年度「生命保険に関する全国実態調査」より）。

また、同調査によると介護期間の平均年数は5・1年（61・1か月）。前述の平均月額費用から計算すると、在宅介護の場合は住宅リフォームや介護用ベッドの費用を含め約370万円。施設入居の場合は約750万円の費用がかかることがわかります。

また、施設入居の場合は月々の費用だけでなく、入居一時金なども必要となるため、必要な金額は基本的にこれよりも多くなります。かかる費用も介護期間も平均から算出しているため、参考程度に捉

え、親の希望や貯金額、年金支給額などから具体的な見通しを立てられるとよいでしょう。

介護は保険で賄える部分も大きい

介護は基本的に、「介護保険制度」で賄える部分がかなりあります。介護保険の支給額は、大きく分けて二つの基準によって決まります。毎月の利用限度額を決めるのが「要介護度」。利用限度額内の自己負担割合を決めるのが「世帯所得」です。

要介護度は、「日常生活において、どれほどの支援・介護を必要とするか」を示す基準です。この要介護度は第三者による「要介護認定」で決定されますが、まず「要支援」と「要介護」という二つの基準に分けられ、さらにそれぞれの中で細かく等級が分かれ、利用限度額や受けられるサービスの内容が決まっています。

みんなの声

- 介護が何年続くか考えると不安
- 費用の目安を知って早めに貯金をしておきたい

これって何？

要介護認定

介護サービスの必要度（どのくらい介護サービスを行う必要があるのか）を判断するもの。

介護サービス利用額の負担割合は利用者の世帯所得に応じて1〜3割の間で変動します。計算が複雑なので、具体的な費用のシミュレーションをしたい場合は担当のケアマネジャーに確認してみましょう。

ただし、後ほど詳しくお話ししますが、全てのサービスが介護保険で賄えるわけではありません。介護費用はなるべく、早いうちに親と相談、確認をしておきましょう。

要支援と要介護の違い

	要支援	要介護
本人の状態	・基本的に一人で生活できる ・部分的に介助を必要とする（例）掃除ができない、浴槽をまたげないなど ・適切な支援を受ければ要介護状態まではならない	・日常生活全般で誰かの介護が必要 ・認知機能などの低下がある
受けられるサービス	介護予防サービス	介護サービス
分類	要支援1〜2	要介護1〜5

※介護保険法をもとに作成

知りたいポイント⑪

「介護保険」を使うと、どのくらいの負担になる？

answer

要介護度によってかなりの変動あり

「要介護度」と支給限度額を確認しよう

P36でも説明した「介護保険」。公的な補助で介護サービスを利用できる制度ですが、介護保険の自己負担額は、具体的にどれくらいになるのでしょうか。

要介護度の目安と支給限度額は次の通りです。

要介護度の目安と支給限度額

要介護度	体の状態（目安）	利用できる在宅サービス（目安）	支給限度額※
要支援1	食事、排泄は自分でできる。ただ、日常生活動作の一部で見守りや支援が必要	週2～3回	50,320円
要支援2	要支援1より多くの場面で支援が必要。将来介護が必要になる可能性が高いが、支援により予防が可能な段階	週2～3回	105,310円
要介護1	日常生活において部分的な介助が必要。認知機能の低下が見られる場合もある	1日1回程度	167,650円
要介護2	食事、排泄を含む生活全般に介助が必要。認知機能の低下がさらに見られることもある	1日1～2回程度	197,050円
要介護3	要介護2に加えて、自力での移動などの動作に支障があり、ほぼ全面介助が必要。問題行動が見られることがある	1日2回程度	270,480円
要介護4	介助なしでは日常生活を送るのが難しい。問題行動が顕著	1日2～3回程度	309,380円
要介護5	寝たきりで食事、排泄が自力でできず、介護がないと生活できない。意思疎通が困難	1日3～4回程度	362,170円

厚生労働省の資料（要介護認定の仕組みと手順mhlw.go.jp）を基に作成
※上記の数字は介護費総額であり、自己負担額ではないので注意

みんなの声
●親の年金で費用は足りるのか不安。介護費用の準備は大事だと思うので、早めに相談したい

「要介護度」は介護認定調査員により決定

介護保険を使ってサービスを受ける場合、専門の介護認定調査員が病院や自宅を訪問し、等級を決めていくことになります。

P63の表にある「支給限度額」は、自己負担額ではありません。実際にはここから世帯所得により自己負担割合が決まるので、例えば要支援1の場合、自己負担が1割の人の実際の自己負担額上限は5032円、3割の人なら1万5096円が上限となります。

どんなサービスがどのくらいの金額で受けられるかは、要介護度によって決まります。一例ですと要介護1、1割負担の人が訪問ヘルパーをお願いすると、身体介護が15分、生活援助が40分、月に8回の利用だとして、月に支払う金額は2800円となります。

要介護度が高いほど介護を担当するホームヘルパーの負担も大きく、長時間の介護が必要となるので、利用できる金額も大きくなっ

これって何?

介護認定調査員
要介護認定を決めるための調査をする人。要介護認定には段階を踏んでいくつかの調査が必要となるが、その1次判定のための聞き取り調査を介護認定調査員が行う。

ているという仕組みです。

みんなの声
●介護保険のシステムを知っておきたいけど、いろいろ複雑という印象があります

介護用品のレンタル・販売も介護保険で可能

介護がスタートすると、杖や歩行器、車椅子など、さまざまな介護用品が必要となります。こういった介護用品のレンタルも介護保険で賄え、要介護度により借りることができる用具に差があります。例えば杖のレンタルであれば月額1000～2000円程度。自己負担割合1割なら、月額100～200円となります。

腰掛便座、簡易浴槽、入浴補助用具などレンタルできない用具に関しては「特定福祉用具販売」というシステムがあります。利用する場合は利用者がひとまず購入に必要な代金を全額支払い、後に所得に応じて7～9割が払い戻されるというシステムです。

知りたいポイント⑫

介護に必要なお金をうまく管理するには？

answer

家計と介護費用、財産の管理についても事前に相談しておく

お金の管理などはプロに任せるのも

介護生活がスタートすると、介護や生活にかかる費用をどう預貯金や年金で賄うか、動産や不動産の管理を親に代わってどう行うか、という問題が発生します。

みんなの声
●親の資産状況把握が意外と大変
●介護の何にどのくらいかかるか、考えることが多すぎる

親が自分自身で管理するのが難しい場合、仕事や子育てで時間が取られがちな現役世代の負担が増えてしまいます。お金の計画を立てたり、管理をしていくのが難しい場合には、ファイナンシャルプランナーや司法書士などのプロに相談してみましょう。

P54でもお話ししましたが、親の預貯金や動産・不動産、保険の種類や額などは元気なうちに必ず確認しておきましょう。保険の証書や健康保険証、介護保険被保険者証のありかなども聞き、メモに残しておくことをおすすめします。そして急な入院や介護が必要になったときのために、どのお金をどう使うかも確認しておきましょう。

認知症が進んだ場合や、脳の疾患などで親本人が正常な判断を下すことが難しくなった場合は、銀行口座が凍結され、契約行為などができなくなります。そうなった場合は、「成年後見制度」を使うことになります。この成年後見制度については、P70で詳述します。

これって何？
ファイナンシャルプランナー（FP）
税金、保険、年金などの幅広い知識と視野を持ち、お金の面でさまざまな悩みをサポートし、ライフプランの設計やアドバイスを行う専門家のこと。

介護は親の年金だけで賄えない場合もある

介護の費用は、「親の預貯金と年金などの収入」で賄えるのが理想ですが、必ずしも理想通りにはいかないことも。例えば親が国民年金加入者だったり、親の介護度や状況によっては、年金や預貯金などだけでは賄えないことも多いようです。2013年の「仕事と介護の両立に関する労働者アンケート調査」（厚生労働省調べ）によると、40~50代で親の介護を行っている労働者のうち、約40~45%が何らかの費用負担があるというデータが出ています。

介護生活では、思わぬ支出も多いもの。しっかり備えるためにも、親が元気なうちに支出額の予測と財産の確認をしておきましょう。

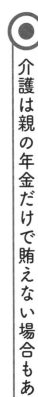

みんなの声
- 親は2人とも自営業で国民年金なので不安
- 老後に備えて貯蓄してくれていたので助かった

「ダブルケア」では負担はさらに重く

子育てと介護を同時に行うことになってしまう「ダブルケア」。この場合、子育てと介護の金銭的負担を同時に負うケースも多く、その負担は重くなってしまいます。

以下のグラフでもわかるように、ダブルケア家庭での平均自己負担額は介護が2万3073円、育児が3万8015円。介護にかかる年数を考えると、かなり大きな負担だと言えます。

ダブルケアに関する毎月の負担額の平均
対象:現在、ダブルケアに直面している人

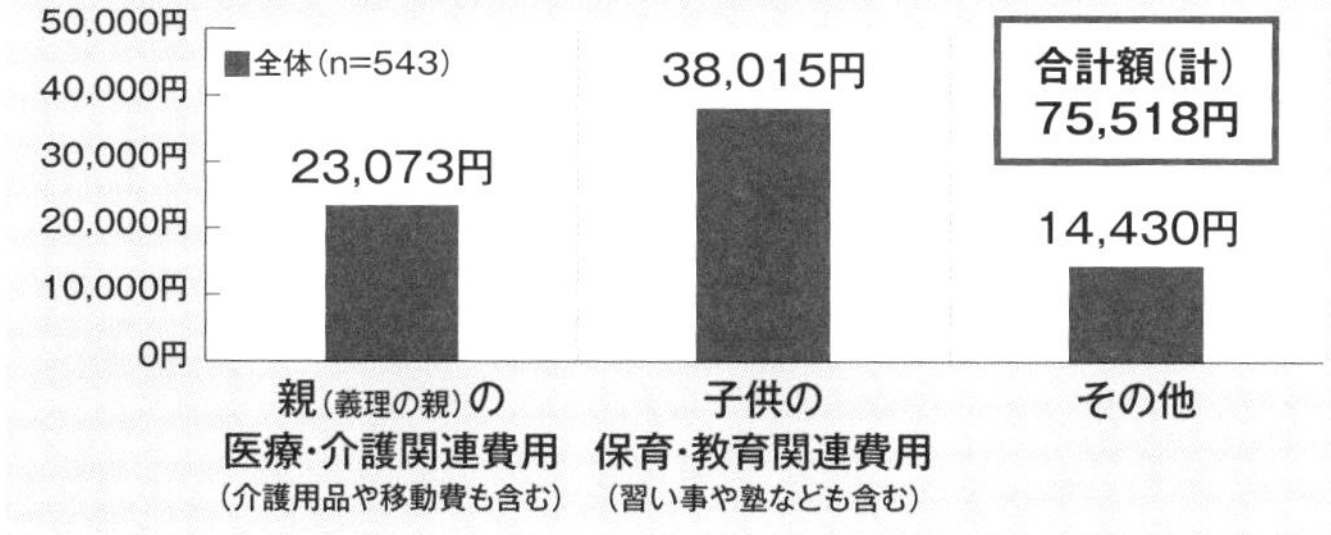

出典:ダブルケアに関する調査　ソニー生命2018

これって何?

ダブルケア

ダブルケアとは、狭義で「育児と介護の同時進行」、広義で「家族や親族など親密な関係における複数のケア関係、それに関連した複合的課題」を意味する(相馬直子・山下順子 2017「ダブルケア(ケアの複合化)」『医療と社会』27 63-75)

知りたいポイント⑬

成年後見制度について詳しく教えて

answer

親が判断能力を失った場合に必要になる制度

成年後見人は誰でもなれる？

親の介護を進めていく中で、例えば親の認知症が進んだり、脳の病気で意思決定が難しくなることがあります。

そういう「**判断能力が著しく低下し、本人の意思決定が難しくなってしまった場合**」に、**その人の権利や財産を守り、意思決定を支援する仕組みが「成年後見制度」**です。暗証番号がわからず預金の引き出

みんなの声

●親が判断能力がなくなったとき、契約などはどういう形ですればいいのか知りたい

しができなくなったり、施設入居のための契約などを結ぶことが難しかったり、遺産分割協議への参加ができなくなったり……そういった場合も、成年後見人を選任することで、代わりに手続きを進めてもらうことができます。

成年後見人は、法律で定められた一定の欠格事由に該当しなければ、裁判所に認められれば誰でもなることができます。多くは本人の親族や、法律または福祉の専門家、福祉関係の法人が選ばれます。成年後見人になった親族を「親族後見人」、成年後見人になった専門家を「専門職後見人」と呼びます。弁護士などが後見人に選任されれば、原則として被後見人が死亡するまで報酬の支払いが必要となるので注意しましょう。

また、成年後見人は、複数選任することも可能。介護や家の契約などは親族後見人、お金の管理は専門職後見人とする場合もあるようです。

これって何？

成年後見人になる人の割合

2017年の厚生労働省の調査では、親族（配偶者、親、子、兄弟姉妹及びその他親族）が成年後見人等に選任されたものが全体の約26．2%、親族以外の第三者が選任されたものが全体の約73.8%となっている。

「法定後見制度」と「任意後見制度」の違いは？

「成年後見制度」には、「法定後見制度」と「任意後見制度」の2つの制度があり、対象者や後見人の支援範囲が異なります。

●法定後見制度

既に認知症や病気で判断能力が不十分な人が対象の制度。家族や親族、法律や福祉の専門家の中から家庭裁判所が適任と判断した人が選ばれる。判断能力に応じて「補助類型」「保佐類型」「後見類型」に分かれており、支援できる範囲が異なる。

●任意後見制度

将来、判断能力が衰えたときに備え、家族や親族、知人、法律や福祉の専門家を後見人として個人間で契約を結んでおく制度。契

みんなの声
●できれば親が元気なうちに自分たちがいろいろ手続きしてしまいたい

約時には財産管理や介護サービスの手続きなどどこまで任せるかを定め、判断能力が衰えた際は契約内容に則って後見人が対応を始める。

遠距離介護の場合、これらの後見制度を使い、近隣に住んでいる親族を後見人に定めることで、手続きなどをスムーズにすることも可能になります。

また、任意後見制度に似たシステムに「家族信託」があります。これは子供や孫など、自分が信頼できる家族を「受託者」とし、財産の管理や運用、処分を託すこと。信託契約の内容をある程度自由に決められるので後見人制度よりも柔軟に財産の管理や運用、処分を任せられる、財産所有者が元気なうちであればいつでも信託契約を結ぶことができる、というメリットがあります。

「家族信託」は最低でも数十万円からの費用がかかるため、その費用と見合うサービスかどうかを事前によく確認しておきましょう。

これって何？
任意後見契約にかかる費用
契約を結ぶ際、公正証書1件当たりの費用は2〜3万円程度。
毎月の報酬については、親族であれば報酬はないことが多いが、専門家の場合は毎月の報酬が必要となり、相場は月額2〜6万円。

知りたいポイント⑭

親と意見がぶつかったときに頼れる人は？

answer

親が信頼していて、話を聞いてくれそうな人を増やしていけるとベスト

家族だからこそ〝揉める〟のが介護問題

親の介護をしていると、感情的な衝突が起こりやすくなります。介護はどうしても日常生活に深く関わることが多いため、子供たちが良かれと思って決めたことでも「家に他人が出入りするのはイヤ」

みんなの声
●家族だからこそぶつかることは多いと思う
●子供の自分よりもヘルパーさんのほうが本音を話しやすそう

「デイサービスに行きたくない」と親がごねてしまうことが多いようです。

子供としては親のために決めたり手配したことですから、そういうことを言われると気分は良くないでしょう。また、家族間での話し合いは、お互いに遠慮なく言葉を交わしてしまうため、エスカレートしてケンカになってしまうことも。

それを防ぐためには、身近なケアマネジャーやホームヘルパーなど「親の意向や気持ちを聞いてもらう」人を増やしていくことで、親子間のコミュニケーションがスムーズに。第三者が間に入ることで、お互いに冷静に話ができるというメリットがあります。

〈ここがポイント〉

親の意向を聞く人は、複数居てもらうほうがいい

これって何？

ホームヘルパー（訪問介護員）
在宅の高齢者宅を訪問し、食事や入浴、排泄、衣服の着脱などの介護サービスや調理、洗濯、掃除、買い物など家事援助サービスを提供する職種。

感情的にぶつかりそうなときは「プロ」に相談

親子で揉めそうなことが出てきたら、早めに身近な相談相手に話をしておきましょう。

例えば、**介護サービスについての親の不満などは、まずは担当のケアマネジャーに相談をしてみましょう。**ケアマネジャーはプロですし、いろいろな高齢者を対応しているので経験も豊富。親が嫌がっていることでも、親の気持ちを汲みつつ上手にコミュニケーションを取ってくれるでしょう。また、利用できる別のサービスや方法を提案してくれる可能性もあります。

ほかにも主治医や訪問看護師、デイケアで通っている施設の人など、「この人の話なら親も聞いてくれそう」という人は意外といるもの。いざというときのために、そういった人たちと日頃からコミュニケーションを取っておきましょう。

みんなの声
●親とはしばらく疎遠だったので、
介護の話し合いに向き合うのが大変だった

周りの人からアプローチしてもらう選択も

同じ兄弟姉妹であっても、親との関係性は意外と個人差があるものです。親の兄弟姉妹、親戚など、親がふだんから信頼していたり、仲良く交流している人が居た場合は、事情を話して協力してもらうのも一つの方法です。

また、意外と効果的なのが「夫や妻など自分の配偶者」。親からすると「義理の息子・娘」にあたる人物。親しみを持ちつつも礼節を持ち、冷静に話ができるはず。

自分の子供、親にとっての「孫」がある程度の年齢に達していた場合は、子供の負担にならないのであれば、親の話を聞いてもらうのも良いでしょう。

まとめ

第2章

親が元気なうちに介護の希望、お金の問題を確認する

- 元気なうちに親といろいろ話し合い、備えておこう。
親の交友関係やご近所と交流し協力体制を

- 話を切り出すときは、
最初に「自分の思い」を丁寧に伝えよう

- 介護のお金は「介護保険」を活用。
要介護度によって使えるサービスが、世帯所得によって
自己負担割合が変わる

- 親の介護費用について、事前に試算、相談しておこう

- 親の判断能力が失われる場合に備えて、
成年後見制度の利用も検討しよう

第3章

いざ介護が必要になったとき、慌てず動くための基礎知識

うちの親はどんな介護を望んでるんだろう？
介護にもいろいろな選択肢がありますよ
在宅が良いか施設が良いか…
要介護度によっても受けられるサービスが違います

知りたいポイント⑮

介護支援サービスには どんなものがある？

answer

在宅介護か施設入居か、大きく2種類に分かれる

介護支援サービスの全体像をまず把握しよう

親が要支援・要介護となった場合、数ある介護支援サービスから適したものを選択することとなります。大きなくくりとしては、自宅で介護を受ける、もしくは介護する「在宅介護」か、「施設への入居」

かのどちらかとなります。

このどちらに関しても選択肢が非常に多く、また要介護度によって介護保険内で利用できるものもあれば、そうでないものもあります。それぞれの詳細は次のポイントでご説明しますが、まずは在宅介護で使える介護支援サービスにはどんなものがあるか、概要を把握しておきましょう。

①居宅サービス……自宅で生活している方向け。入浴介助や生活援助など

②通所サービス……利用者が施設に通う。食事の提供や医療的ケア、リハビリテーションなど

③短期入所サービス（ショートステイ）……利用者は施設に短期間入所し、介護サービスを受ける

みんなの声

●在宅介護の場合、家にヘルパーさんが来てもらう形で利用できるサービスが多いのを経験して知りました

知りたいポイント⑯

在宅介護のサービスについて詳しく知りたい

answer

自宅に訪問してもらうか、施設に通うかを選択することに

「在宅介護」と言っても「通う」パターンもある

P81にあるように、在宅介護のサービスは大きく分けて3種類となります。それぞれの特徴をまとめました。

みんなの声
●「在宅介護」というと、家で自分だけが介護を背負う……というイメージでした

①居宅サービス

訪問介護（ホームヘルプサービス）
資格のあるホームヘルパーが要介護者の自宅を訪れ、身体介護や家事代行などの生活援助を行う

訪問入浴介助
寝たきりなどで自力での入浴が難しい方に入浴サービスを提供する

訪問看護
看護師が利用者の自宅を訪問し、医師の指示に従いながらバイタルチェックや医療的ケア、医療器具の管理、必要に応じ食事や排泄の介助なども行う

訪問リハビリテーション
要介護者の自宅に理学療法士、作業療法士、言語聴覚士などリハビリの専門家が訪問し、リハビリの指導を行う

居宅療養管理指導
医療分野の専門職が要介護者の自宅を訪問し、療養上の指導、健康管理、生活を送る上でのアドバイスなどを行う。医師、看護師、管理栄養士、歯科衛生士、薬剤師などが担当

みんなの声
●親の性格的に家に来てもらうより施設に通うほうが向いているようで、デイサービスは楽しそうでした

②通所サービス

通所介護（デイサービス）
利用者が施設に通い、健康状態の確認、入浴や食事の提供、機能訓練、レクリエーション、生活相談などを行う。生活機能向上グループ活動などの高齢者同士の交流も。利用者の自宅と施設の移動は、送迎を行ってくれる施設が多い

通所リハビリテーション（デイケア）
デイサービス同様に施設に通い、医療的なケアやリハビリテーションを中心に行う。医師が必要と認めた人のみ利用可能。リハビリの内容や設備は、施設によって異なるため、利用前に確認が必要。こちらも基本的には送迎を行っている施設が多い

③短期入所サービス（ショートステイ）

短期入所生活介護

要介護認定を受けた利用者が一定の日数だけ施設に入所し、食事・入浴・排泄の介助や機能訓練などの介護サービスを受けることができる。家族が病気で体調を崩したときや、冠婚葬祭や出張などで家を空けるとき、介護疲れで心身をリフレッシュしたいときなどに利用可能。連続利用日数は最長30日まで

短期入所療養介護

短期入所生活介護と同じように介護サービスを受けることができる。施設には看護師や医師、リハビリテーションを行う理学療法士や作業療法士などの医療従事者が配置され、利用者に対して医療ケアやリハビリを中心とした介護サー-ビスが提供される

これって何？

ショートステイ利用のケアプラン

4日以上連続してショートステイを利用するには、ケアマネジャーが作成した「ケアプラン」が必要となる。また、上記の最長30日までのルールも、介護者の病気やケガなどのやむを得ない理由の場合は延長可能なことも。

知りたいポイント⑰

介護施設にはどんな種類があり、どのくらい費用がかかる?

answer

公的施設と民間施設で大きな違いがあり、公的施設は入居に条件がある場合も

「公的」と「民間」それぞれの特徴を知ろう

介護施設は大きく分けて「公的施設」と「民間施設」の2種類。在宅介護では難しい場合や独居で不安を感じる場合、親が希望した場合などに利用します。主な施設の概要と費用の目安を表にしました。

みんなの声
- どんな施設を選んだらいいのかわからない
- 親に合う施設はどうやって探せばいいのか

公的施設

施設名	どんな施設？	月額相場	入居しやすさ
特別養護老人ホーム	通称「特養」。要介護3以上で入居できる。食事や入浴、日常生活の支援を受けることができる	10万円前後	×
介護老人保健施設	退院後在宅での生活に復帰することを目指す施設。リハビリを重視する人向けで入居期間は原則3カ月	15万円前後	△
介護療養型医療施設（介護医療院）	高度な医療が必要な人向けに、24時間の医療ケアと介護を受けられる施設。介護療養型医療施設は2023年度末に全面廃止され、「長期療養のための医療ケア」と「日常生活上の介護ケア」を一体的に提供する介護医療院となった。要介護者が対象	15万円前後	△
軽費老人ホーム（ケアハウス）	家庭での生活が困難な高齢者を対象に、低料金で生活支援を提供する介護施設。自立しているが見守りが欲しい方向けの自立型と、食事や入浴、日常生活の支援を受けられる要介護1以上が入居条件の介護型がある	15万円前後	△

※金額はあくまでも目安で、施設や地域、要介護度などによって異なる。
別途入居一時金がかかる施設もあり、0円～1000万円と大きな差がある。
※月額相場は居住費・食費・介護保険料の自己負担分を含めた金額。

民間施設

施設名	どんな施設？	月額相場	入居しやすさ
サービス付き高齢者向け住宅	主に要介護度の低い高齢者を対象としたバリアフリー構造の住宅。介護士・看護師等の有資格者が常駐している場合も多い	10万～30万円	○
介護付き有料老人ホーム	介護や生活支援を受けられる老人ホーム。要介護のみ可の「介護専用型」と、自立、要介護のどちらも可の「混合型」がある。入居時自立を条件とした「自立型」も。入居一時金は0円から1000万円以上と幅広い	15万～35万円	○
住宅型有料老人ホーム	自宅に住んでいる感覚で利用できる施設。要介護者・要支援者・自立者など幅広く入居可能。入居一時金は0円から380万円程度と比較的安価なところが多い	15万～35万円	○
グループホーム	認知症を患っている人が5～9人程度のユニットを組み、サポートを受けながら共同生活をする施設。基本的には要支援2以上の認定を受けている認知症の方が対象	15～35万円	△
健康型有料老人ホーム	健康で介護の必要がない、自立した生活が送れる人を対象とした施設。さまざまなレクリエーションが楽しめる、1人暮らしの不安がないというメリットがある。介護が必要になった場合は退去や転居になる可能性がある。入居一時金は0円～1億円と最も幅が広い	～40万円	△
高齢者向け分譲マンション	バリアフリーが整っているマンション。家事援助サービスを受けられる施設も。中古で1000万円～、高い施設では数億円と購入費用が高額になる	数十万円	△

※金額はあくまでも目安で、施設や地域医療介護などによって異なる。
※月額相場は居住費・食費・介護保険料の自己負担分を含めた金額。

みんなの声
●老人ホームに入ろうとしてもお金がかかりすぎる
●親戚が施設の入居待ち状態。見ていると不安に

公的施設はどこも順番待ち、すぐには入居できない

基本的には公的施設は入居一時金などが安価ではあるものの、どの施設も「入居順番待ち」の状態のところが多いようです。要介護度が一定以上でないと入居できないなどの条件もあり、「すぐに施設に入居したい」と思っても希望する施設には入れないことも。また、基本的には要介護度が高い人が優先的に入居するため、要介護度が低い場合は入居できる可能性も低くなります。

公的施設には入居できないが、すぐに施設に入居したい場合には、民間施設が選択肢となります。入居一時金や月額利用料金は公的施設より高額となりますが、例えば親の住んでいる家や土地を処分して費用を賄うという選択肢も。親がどういう介護スタイル、施設を望むのか、早めに話し合っておきましょう。

これって何？

サービス付き高齢者向け住宅

通称「サ高住」。2011年に制度が創設され、高齢者が元気なうちに早めに住み替える選択肢として人気に。近年は地価の高騰などの影響で新規開設は以前より減っているものの、広い住戸のものが人気の傾向。

知りたいポイント⑱

施設選び、どうしたらいい？

answer

チェックポイントと優先順位を決め、必ず見学を

要介護度と親の状態からまずはケアマネに相談しよう

入居したいと思っても、すぐには入居できない介護施設。今後必要になる可能性があるなら、情報収集は早めに始め、親が元気なうちから準備をしておくことが理想。まずはこの3点を確認しましょう。

①治療やリハビリ、看護（医療的管理）、介護の必要性はあるか

②将来的にリハビリをして自宅に戻るか、そのまま施設を「終《つい》の棲家《すみか》」とするか

③現在、介護の必要性がある場合は要介護度がどのくらいか

介護老人保健施設のように一時的なリハビリで施設入居した場合はその後の生活を考える必要があります。また介護度が上がった場合は退去する必要がある施設や、看取り対応ができない施設では、転院先を探す必要も。親の意向も聞いた上で、ケアマネジャーにも長期的な視点で相談してみましょう。

仲介業者や情報サイトを頼るという方法も

近年では、介護施設を紹介してくれる仲介業者もあります。大きく分けて3種類系列が存在し、

みんなの声
●親も「施設がいい」とは言っているけど、やっぱり少し後ろめたい気持ちはあります

●**不動産会社系**　賃貸や売買をする不動産会社が運営。
●**介護施設系**　介護施設の運営母体やコンサルタント業者が運営。
●**その他の民間企業**　人材派遣や職業紹介サービス会社が運営。

それぞれにメリット・デメリットがあるため、できれば日頃から信頼できる介護職の人と繋がりを作り、仲介業者や施設の評判、情報を聞けるようにしておきましょう。また、オンラインの老人ホーム検索サービスも積極的に利用しましょう。

条件が合う候補が決まったら、必ずその施設に見学に行きましょう。些細なことに思えても、「あのときに気になっていたのに……」と後悔する場合があります。左のチェックリストを参考に、気になることは施設の方に直接質問したり、確認しておきましょう。見学には、できれば親本人と、介護に関わるきょうだいにも一緒に来てもらうと、後々のトラブル回避につながります。

可能であれば、体験入居も行うとなお安心です。

施設選びチェックリスト

☑立地

面会に行ったり、何かを届けるときに行きやすい場所にあるか

☑費用

入居一時金や月額費用が経済状況に合っているか。施設が合わなかったり、急な入院などで退居する場合、解約や入居一時金の払い戻し条件なども確認を

☑施設職員の対応

質問にきちんと答えてくれるか、冷たい印象は受けないか

☑面会の条件

面会の回数や時間、子供同伴が可能かどうかなど、設けられたルールが自分たちに合っているか

☑必要な消耗品と届ける頻度

施設によって必要な消耗品が異なる。レンタルの有無も要チェック

☑施設内の清潔感

特に臭いが気になる場合は、清掃・整備が行き届いていない可能性も

☑看取りの有無

施設で最期を迎えることができない場合は、転院が必要となる

知りたいポイント⑲

介護保険適用外のサービスは？

answer

民間の有料サービスや居住自治体の独自政策も使える

介護保険適用外サービスは必要に応じて情報収集を

介護に関することは、全て介護保険が適用されるわけではありません。民間の業者や自治体などが、さまざまな介護保険適用外のサービスを行っています。

自費、もしくは自治体の支援を利用して、予算や家族の希望と照ら

し合わせ、活用したいサービスです。例えばこんなものがあります。

●**訪問介護系サービス**……介護保険のサービスでは賄えない、大掃除やペットの世話など幅広いニーズに対応

●**外出支援サービス**……旅行や冠婚葬祭への出席、外食、外出などにヘルパーが付き添ってくれるサービス。自治体で実施していることも

●**高齢者の見守りサービス**……独居の高齢者や子世帯と離れて暮らす人向けに、なにかがあった場合に駆けつけてくれたり、定期的な巡回を行ってくれる

●**配食サービス**……高齢者の自宅に食事を届けてくれるサービス。健康状態に合わせた食事を提供してくれる業者も

●**訪問理美容サービス**……外出することが難しい高齢者に対し、自宅で散髪や顔そりなどを行うサービス

近年は核家族化が進み、高齢者のみで暮らす世帯が多くなったことで、さまざまなサービスが登場しています。必要なものがあれば、まずはインターネットなどで情報を探してみましょう。

地方自治体の独自サービスも活用しよう

介護保険外のサービスを利用しやすくするため、自治体で独自の助成を行っているところも増えています。

- バリアフリー化など、自宅の改修費用補助（介護保険に上乗せという場合も）
- おむつの支給・おむつ代の助成
- GPS貸出による徘徊高齢者家族支援サービス
- 急病などの緊急事態が発生した場合、消防署などへ連絡ができる機器の設置「緊急通報システム事業」
●電磁調理器、火災警報器などの高齢者日常生活用具の給付・貸与
●福祉タクシーの運賃助成券交付

全ての自治体で行っているわけではなく、また利用には要介護度などの条件がある場合も。居住自治体でどんなものが利用できるか、地域包括支援センターや自治体のHPで調べてみましょう。

〈ここがポイント〉
まずは親の居住自治体で利用できるサービスを調べよう

みんなの声
●お金はかかるけど配食サービスを使うと楽です
●独居の親のため宅配クリーニングを契約しています

これって何？
徘徊高齢者家族支援サービス
認知症による徘徊症状のある高齢者等にGPSを利用した端末機器を身につけてもらい、所在が不明となった場合は現在位置を探索し知らせるシステム。探索回数に応じた課金（1回200円ほど）か月額課金（月500円ほど）の場合が多い。

まとめ

第3章

いざ介護が必要になったとき、慌てず動くための基礎知識

- 介護が始まる前に、
介護保険サービスについて知っておこう

- 要介護度により受けられるサービスの内容や頻度が、
世帯収入により自己負担額が変わる

- 介護施設は民営と公営があり、
公営は安価だが入居条件あり＆順番待ち

- 施設選びの際は条件の優先順位を予め決め、
必ず見学を

第4章

親の突然の体の不調に備える！
急なことにどう対応する？

知りたいポイント⑳

親から緊急SOS！ どう対応したらいい？

answer

まずは冷静になり、遠隔でもできることをしよう

「胸が苦しい」「転んでしまった」もし連絡が来たら？

もしも離れた場所にいるときに親から「体調が悪い、体がなんだかおかしい」「転んでしまって動けない」という連絡が突然来たら、どう対応すればよいでしょうか？

①救急車の手配　まずは居場所や状態を聞く。救急車を自分で、またはまわりにいる誰かに頼んで呼べるか確認。できないようであれば代理で119番に通報。救急車を呼ぶべきか迷ったときは、地域に設けられている「救急相談窓口」などに連絡し、判断を仰ぐ

②搬送先の病院へ駆けつける　搬送先の病院がわかれば、なるべく早く駆けつける。手術などが必要な場合、滞在日数が延びることもあるので、仕事や家庭のことはこの段階で調整しておくと良い。すぐに駆けつけられない場合はきょうだいや親戚など、頼れる人に連絡を

③入院手続き　ほとんどの場合、入院手続きには身元保証人が必要なので、本人の配偶者か、もしいない場合は子供や親族が身元保証人に。入院保証金の支払いが必要になることもあるので、現金10万～15万円ほどを用意しておく。また、親と自分の認印を持参するとスムーズに

救急相談窓口

これって何？

急な病気やケガをした場合「今すぐ病院に行ったほうがいい?」「救急車を呼んだほうがいい?」など迷った際の電話相談窓口。#7119に電話することで最寄り地域の「救急相談窓口」に繋がる仕組み。

④必要なもの、治療方針の確認　病院の指示のもと、パジャマや日用品など必要なものを揃える。また、入院から7日以内にいつどんな検査や手術が行われるかを記載した「入院診療計画書（クリニカルパス）」を渡されるので、本人と一緒に目を通し、意向を聞きながら主治医と相談

⑤退院後の生活と介護計画　入院治療と並行して、退院後に介護が必要になる場合は、ＭＳＷ（医療ソーシャルワーカー）やケアマネジャーと介護計画を相談していく。高額医療費制度を利用する場合は限度額適用認定証を加入している健康保険組合などでもらっておく

これが基本的な流れとなります。

親本人の意識や判断能力がある場合は、入院後の手続きは本人と相談しながら進めていきましょう。もし本人には難しい場合は、配

偶者や子供が判断し、手続きを行うことになります。手術や延命措置についての同意書へのサインが求められることも。身元保証人や同意書を書くのは血縁者でなくても可能なので、遠距離介護の場合は、誰がこういうときに付き添えるかを事前に考え、周囲の人と相談しておきましょう。

親が倒れた原因疾患が、例えば認知症やがんなど、すぐに治らないものであれば、入院中に介護保険の申請準備を進めましょう。親が居住している自宅の環境をどう整えるか、バリアフリー工事も含めた準備、どんな介護サービスを利用し契約をしなくてはいけないか、施設入居になる場合はその情報収集や契約。介護はこういった計画を立て、軌道に乗るまでが一番大変なところで、日々のルーティンができてしまえば「やらなくてはいけないこと」は少し減るもの。「今はそういう時期」だと考え、目の前のことを1つ1つクリアしていきましょう。

これって何？

バリアフリー

高齢者や障害者などが身体的、社会的な障害を感じることなく安全で快適に暮らせるように障壁（バリア）となるものを除去（フリー）するという意味。

知りたいポイント㉑

親が急に倒れたが、仕事を抜けられない。どうすれば?

answer

職場にはふだんから介護について理解を得ておく

家族の状況を話しておくことがリスクヘッジに

会社では自分のプライベートはあまり話さない主義でも、急に親の介護が必要になったときには、その状況を知らない人に迷惑をかけてしまうことも。

みんなの声

- 仕事と親の通院などが重なると困る
- 親が突然倒れて、会社のみんなに迷惑をかけてしまった

これを防ぐためには、親が高齢になって衰えが気になりだしたり、健康状態が気になりだしたタイミングで職場に「もしかしたら親の介護が始まるかもしれない」ということを予めオープンにしておきましょう。仲のいい同僚だけでなく、上司にも話しておくことが大事です。

また同時に、介護時に利用できる会社の制度も調べておきましょう。

〈ここがポイント〉

・仲のいい同僚だけでなく上司にも状況を共有する

・介護休暇や時短勤務など会社の制度を調べておく

これって何?

介護休暇

常時介護が必要という状態にある対象家族の介護や世話をするための休暇のこと。

急な休みに対応できるよう、日頃から準備を

「ある日突然親が倒れた」という状況でも周囲に迷惑をかけないためには、ふだんからきちんと仕事をこなし、万が一自分が抜けた場合でも周囲がカバーできるよう、準備をしておくことが重要になります。

例えば仕事の手順をフローチャート化して引き継げるようにしたり、データ等を共有しやすい形にしたり。仕事の進行やメールのやりとりを共有するなど、仕事を属人化させず、オープンにしておくと同僚にも頼みやすくなります。

もちろん上司には話をきちんと通し、周囲の理解が得られて快く送り出してもらえるような職場の人間関係を構築しておきましょう。

みんなの声
●急なお願いをしたときに、
職場の人が快く助けてくれて助かった

どうしても駆けつけられないときに頼れる人を見つけておく

どうしても仕事が抜けられない、すぐに駆けつけられないという場合は、まず身近な誰かに頼ることを考えましょう。

病院への付き添いなら、担当ケアマネジャーにお願いできるか聞いてみましょう。日頃からコミュニケーションを取り、スムーズな関係性を築いていれば、急なお願いもしやすくなります。

また自分のきょうだいや親戚、夫も含めて、突発的な事態になったときに困らないように、「誰が駆けつけることができるか」を日頃から話し合っておくとよいでしょう。

知りたいポイント㉒

親の入院。身の回りの世話はどうしたら？

answer

レンタルサービスを利用してなるべく負担を減らそう

パジャマやタオルはレンタルを利用

親の入院中、数日ごとに病院に通って新しい着替え等を渡し、汚れ物を回収して洗濯して……というのを繰り返すのは、仕事や子育てで忙しい立場ではなかなか大変なもの。

みんなの声
- 入院中、毎日パジャマなどを届けるのが負担だった
- 毎日のお見舞いは仕事と家のことで不可能

病院によっては、パジャマやタオル、歯ブラシやコップなどの入院用備品のレンタルサービスを導入しているところもあります。そういうサービスがあるかどうか、入院時に看護師かMSW（医療ソーシャルワーカー）に聞いてみましょう。価格は1日あたり300～500円程度のことが多いようです。

また、病院で取り扱っていない場合でも、パジャマや入院用備品レンタルの民間サービスを利用する方法もあります。サービスが利用できる地域かどうか、まずは問い合わせてみましょう。

これらの費用は基本的には保険適用外となり、医療費控除に利用することもできません。金銭的負担は多少は増えますが、入院してしばらくはさまざまな手続きなどで時間が取られるもの。なるべく時間的・体力的な負担を減らすという意味でも、生活リズムが落ち着くまでこういったサービスに頼るのもいいのではないでしょうか。

親も、「子供に手間を取らせている」という心苦しさが軽減される場合もあるようです。

〈ここがポイント〉
なるべく負担を減らすため、レンタルサービスなどをうまく利用しよう

お見舞いや届け物はみんなで分担を

親の入院生活の世話を自分ひとりで全部背負うのは、時間的にも精神的にも大きな負担に。親のほうも急な入院で弱気になっていたりすると、できれば顔を見に行ってあげたい……そう思うかもしれませんが、面会時間内に病院に足を運ぶのは、働いている場合は難しいことが多いでしょう。

みんなの声
●親が入院したとき、顔を見に行くと安心していた
●家族が積極的に動いてくれると助かる

そんなときに役に立つのが、親が元気なうちに構築しておいた家族や友人間のネットワークです。お見舞いや身の回りのものを届けるのは、そのときに時間の都合がつく人や、順番を決めておいてもいいかもしれません。LINEなどのSNSを活用し、親族や親しい周辺の人のグループを作り、状況を共有しておくのも1つの方法です。

そのためにも、親が元気なうちに親の交友関係などを把握し、なるべくなら自分もコミュニケーションを取っておいたり、連絡先を共有しておきましょう。

知りたいポイント㉓

介護の直接的原因は何が多いの？

answer

年代別で疾患は異なるけれど「突然倒れる」ケースは思ったよりも多い

「少しずつ介護の準備」では間に合わないことも

介護というと「親がだんだんと衰えたり、少しずつ認知症が進行して……」というイメージを持っている人がいるかもしれません。

しかし、左下のグラフを見ればわかるように、「認知症」や「高齢による衰弱」での介護スタートは実は全体の約31・4％。「その他」

を含めても約51・2%であり、残りの約半数は突然、要介護状態になる可能性のある「脳血管疾患」や「運動器疾患」「心疾患」が占めています。
特に脳血管疾患や心疾患は、突然倒れたり、入院が必要な状況が非常に発生しやすいもの。骨折・転倒を含む「運動器疾患」も、それを機に入院や長期のリハビリが必要となったり、回復が難しい場合はそのまま寝たきりになってしまうことも。
つまり「ある日突然、介護がスタートする」可能性は意外と高いということ。だからこそ、親の介護の準備は「親が元気なうちから始めておく」ことが重要であり、親がある程度の年齢になってきたら相談や確認、周囲への根回しが必要なのです。

65歳以上の要介護者の「介護が必要となった主な原因」

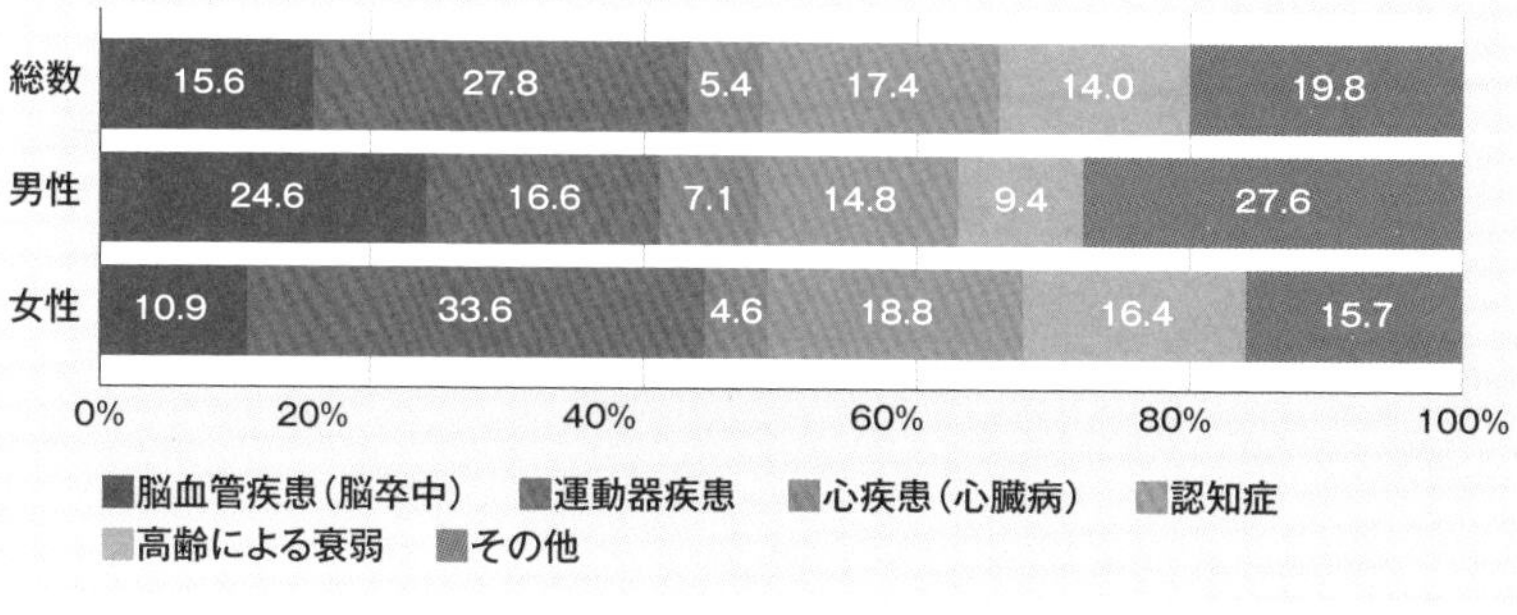

※厚生労働省「国民生活基礎調査（介護票）」2022年より集計
※「運動器疾患」には、関節疾患、骨折・転倒、脊髄損傷含む
※「その他」には、悪性新生物（がん）、呼吸器疾患、パーキンソン病、糖尿病、視覚・聴覚障害含む

年代別で介護の原因は異なる

介護がスタートする原因となる疾患は、年代によっても違いがあります。

左のデータからわかるように、65〜69歳の「介護の原因」の1位は「脳血管疾患（脳卒中）」であり、約38%を占めています。この年齢の親を持つ子供世代は30〜40代、仕事も子育ても一番忙しい時期。しかし脳血管疾患は、退院後も体に障害が残ったり、リハビリが必要となることが多い疾患です。「想定外の介護生活スタート」の可能性が高いことが、このデータからおわかりいただけるかと思います。

さらに、70歳以上になると糖尿病や運動器疾患など、「日常生活のケア」が必要な疾患から要介護になる人も増加。特に糖尿病になると「食事管理を誰がするか」という問題が発生します。

これって何？

フレイル

年齢を重ねるにつれて全身の筋力や心身の活力が低下している状態。体重減少や疲れやすい、歩行速度の低下、握力の低下、身体活動量の低下が定義とされ、日常での活動や運動からこれらを予防することが近年推奨されている。

みんなの声
●うちの家系は脳卒中などが多いので心配
●祖母ががんになったとき介護が必要になり大変だった

また、高齢になればなるほど骨折・転倒が介護の原因となるケースが増えます。今はまだ元気だとしても、いずれはこういうことが起こる可能性が高いという認識で、家のバリアフリー化や日常でのフレイル予防など、できることから準備を始めていきましょう。

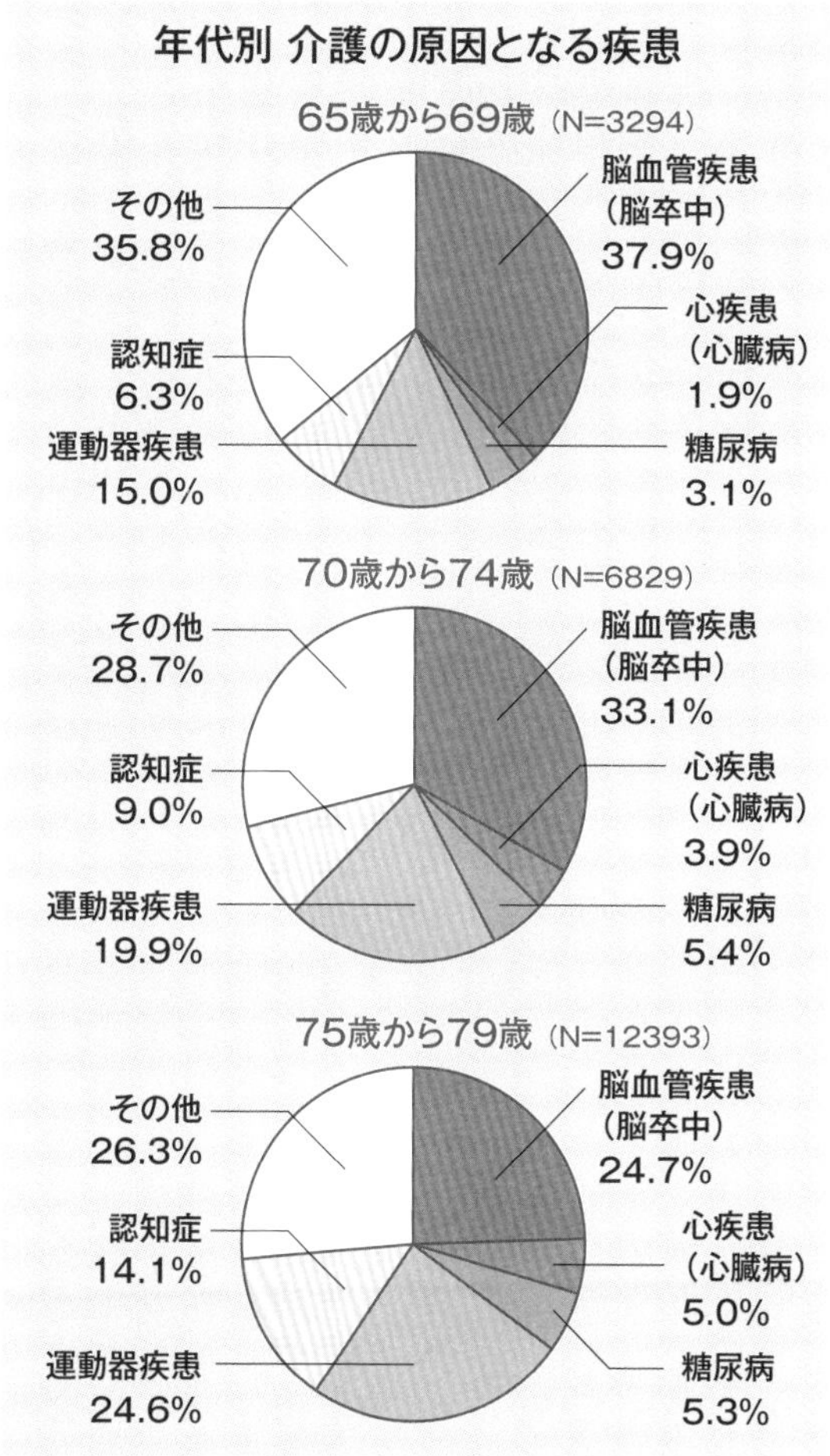

※厚生労働省「国民生活基礎調査（介護票）」2022年より集計
※「運動器疾患」には、関節疾患、骨折・転倒、脊髄損傷含む
※「その他」には、悪性新生物（がん）、呼吸器疾患、パーキンソン病、視覚・聴覚障害、高齢による衰弱含む

知りたいポイント㉔

急な介護。自分のメンタルケアは？

answer

先の見通しを持つことで大変な時期を乗り越えよう

「介護スタートは一番つらい時期」と自覚を

急な介護が始まり、介護の態勢が整うまでは、ある意味「時間との戦い」です。

親の現状の把握、入退院や手術の付き添い、ケアマネジャーとのやり取り、提案されたケアプランの検討……「時間をかけてゆっく

みんなの声

- 母親も介護で苦労していたのを見ているから心配
- 時間の捻出が最大の問題

り対応する」ことが許されない、全力疾走の時間が過ぎていくこととなります。しかし、もしも今そういった渦中にいる場合は「この日々がずっと続くわけではない」と意識しましょう。

介護は時期ごとに困りごとが変わるもの。一度態勢が整えば、あとは親の体調や意向の変化に応じてメンテナンスしたり、状況に応じて頼む介護サービスを調整していくことが中心となってきます。

介護の始まりの時期がつらいのは、さまざまな選択・決定をし続けなくてはならないことも理由のひとつです。「決める」ことは選択した内容に責任が伴いますから、自分ならともかく「親」の今後について限られた時間の中決めなくてはいけない状況は、大きなストレスとなります。できるだけ、時間を見つけて自分自身のケアにつとめましょう。

みんなの声
●介護はストレスが溜まって辛い
●子供に当たらないよう注意したい

少し落ち着いたら、ストレスを吐き出そう

溜まった疲れや理不尽な思い、不安などのマイナスの感情は、だれかに聞いてもらうのが一番。仲のいい友人や、介護の経験がある知人など、共通の話題がある人ならベストです。

また、パートナー（夫）に話すのも良いでしょう。一番身近にいて自分の今の状況を把握してくれているパートナーなら、話も通じやすく、共感も得やすいはずです。

まとまった時間が取りにくい人は、スキマ時間でも良いので「心の整理と自分を客観視できる行動」を行ってみましょう。手近なノートに今の気持ちや状況を書き出したり、手書きが大変ならスマートフォンに記録する、という方法でも良いでしょう。

この行動は、思いを吐き出して気持ちをすっきりさせるのが主目的。自分がやりやすく、手軽な方法を考えて実践してみましょう。

介護ストレスのチェックリスト

気持ちは頑張っていても、体は正直です。ストレスが溜まってくるといろいろなサインとして心身に現れます。このリストでストレスサインが出ているか、チェックしてみてください。

☑貧血
☑下痢
☑微熱
☑不眠
☑表情がなくなる
☑イライラしやすい
☑物事に無関心になる
☑めまい、立ちくらみ
☑便秘
☑偏頭痛
☑過食
☑独り言が多くなる
☑他人と話すのが億劫になる

以上のようなサインに気づいたら、誰かに思いを話す、誰かに見守りや介護をバトンタッチして休養を取る、時間を作って気分転換をする、軽い散歩をしたり運動をするなど、自分自身のケアにつとめましょう。

もしも自覚症状が強い場合は、精神科などのメンタルケアを取り扱う病院に受診を。身体症状が強く出ているという場合は、心療内科でも良いでしょう。もしも身近にそういった病院がない、精神科は抵抗がある……という場合は、まずはかかりつけの内科でもOK。検査をして病気の可能性を判断した上で、必要な場合は適切な病院を紹介してくれます。

知りたいポイント㉕

「遠距離介護」という選択肢はある？

answer

メリットもあるものの、交通費や「いざ」というときの対処などの課題も

うまく工夫をすれば「遠距離介護」は可能

核家族が大多数を占める現代では、「どうやって離れて暮らす親の介護を行うか」ということが問題に。

結論から言うと、「遠距離介護」を選ぶ人は多くいます。もちろん、親の要介護度や状況にもよりますが、うまくポイントさえ押さえて

おけば遠距離介護は可能だと言えるでしょう。
遠距離介護のメリットとデメリットを整理してみましょう。

【メリット】
●親子それぞれが住み慣れた土地で暮らしを維持できる
●子世帯も仕事や子育てなどの環境を変える必要がない
●世帯収入が別なので、介護保険の自己負担割合が低く抑えられる

【デメリット】
●「いざ」というときに駆けつけるのが難しい
●親の状況を把握しづらい
●遠距離であればあるほど通うための時間と交通費が必要になる

介護が必要になると「親を自分の家に呼び寄せよう」と思う人も多

みんなの声
●近くにきょうだいがいないので頼める人がいない
●仲のいいママ友にお願いしている

いようですが、体力が落ちた高齢者にとって知り合いがいない、見知らぬ環境での生活は精神的な負担が大きいもの。親の意思も尊重しつつ、遠距離介護を実現する方法を模索するのも選択肢の一つです。

遠距離介護、こうやって乗り切ろう

遠距離介護を選択すると、どうしても「日常的に様子を見ることができない」ということがネックに。そこで、こういったポイントをふまえて介護を進めていきましょう。

●介護事業者、ケアマネジャーと密に連絡を取る

遠距離の場合、介護の中心は介護サービスを利用することに。担当のケアマネジャーとはなるべく密に連絡を取りましょう。

●電話などで日々連絡を取り、必要時に帰省する

これって何？

介護帰省に使える交通費割引サービス

遠距離介護で大きな負担になるのは交通費。JALやANAでは介護帰省に使える航空券割引を設けている。男性満65歳以上、女性満60歳以上で加入できるJRの「ジパング倶楽部」や株主優待券などの割引サービスもうまく利用しよう。

帰省はきょうだいがいればなるべく分担を。交通費は割引サービスなどを利用すれば負担が軽くなります。地域の公的機関に相談ごとが発生する可能性も考え、可能ならば平日に訪れましょう。

●万一に備えて「見守りサービス」も利用

転倒によるケガや、事故や犯罪に巻き込まれる可能性も考え、民間や自治体の「見守りサービス」を頼むと安心。民間の「認知症保険」なども考えましょう。

●成年後見制度の利用も視野に入れる

P70の成年後見制度の利用も想定して。

距離が離れていてもお互いに安心して暮らすことができるよう、さまざまな角度から遠距離介護の体制を整えておきましょう。

これって何？

認知症保険

認知症のリスクに特化した保険のこと。医師から認知症と診断された場合に保障を受けることができる。

まとめ

第4章

親の突然の体の不調に備える！
急なことにどう対応する？

- 40～50代の親の介護は、脳卒中や心筋梗塞で
  突然始まることも多い。急な入院にも備えておこう

- 入院中のお世話はレンタルを利用して
  なるべく負担を減らそう

- 介護が必要になりそうな状況を職場でオープンにして、
  突然の休み等にも対策をしておこう

- 「急な介護のスタート」で
  ストレスを溜めないようセルフケアを

- 遠距離介護は遠隔からの見守りと協力者との
  コミュニケーションで実現可能

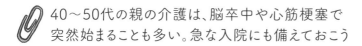

第5章

子育て中の介護、どう乗り切る？

子育てと仕事だけでも大変なのに、この上、介護が必要なんて…
仕事を辞めずに乗り切るために
一緒に考えましょう！

知りたいポイント㉖

子育てと介護が重なる「ダブルケア」について知りたい

answer

高齢出産と高齢化社会で多くの人が当事者に

女性の社会進出とともに大きくなった社会問題

P69でも取り上げたように、近年は子育てと介護が同時に発生する「ダブルケア」に悩む人が多くなっています。

もちろん、介護との問題で「ダブルケア」に陥るのは「子育て」

だけではありません。例えば配偶者のケアと親の介護が重なるという状況もありえますし、一人で自分の親と義両親の介護も担わなければいけない……ダブルだけでなく、トリプル、多重ケアになっているケースも。

女性の社会進出が進み、結婚する年齢、初産年齢が上がるにつれ、**かつてのように「介護は子育てが一段落してから」というわけにはいかなくなりました。** 現在、ダブルケアに悩む人たちは「子育てと介護のダブルケア」に直面している人が圧倒的多数。

さらに、結婚している夫婦の約7割が共働き家庭（男女共同参画白書 令和4年版より）という現状では、「育児」「介護」のダブルケアに加えて、「仕事」をしながらダブルケアをどう乗り越えるか、という問題を多くの人が抱える事態になっています。

これって何？

初産年齢

第一子出産の年齢。1975年は25.7歳だったが、2022年は30.9歳と時代とともに高年齢化している。（厚生労働省「人口動態統計月報年計［概数］」2022年）

現状、ダブルケアは女性の負担が重い

２０１６年、内閣府男女共同参画局により「ダブルケアの実態調査」が発表されました。そのデータによると、ダブルケアを担っている人の推計人口は25万３０００人。しかしこの内訳を見ると、男性が８万５０００人、女性が16万８０００人となっており、女性の推計人口は男性の約2倍とされています。

また、下記のデータからは「子育ても介護も両方負担している人は男性よりも女性の方が多い」という現状がわかります。

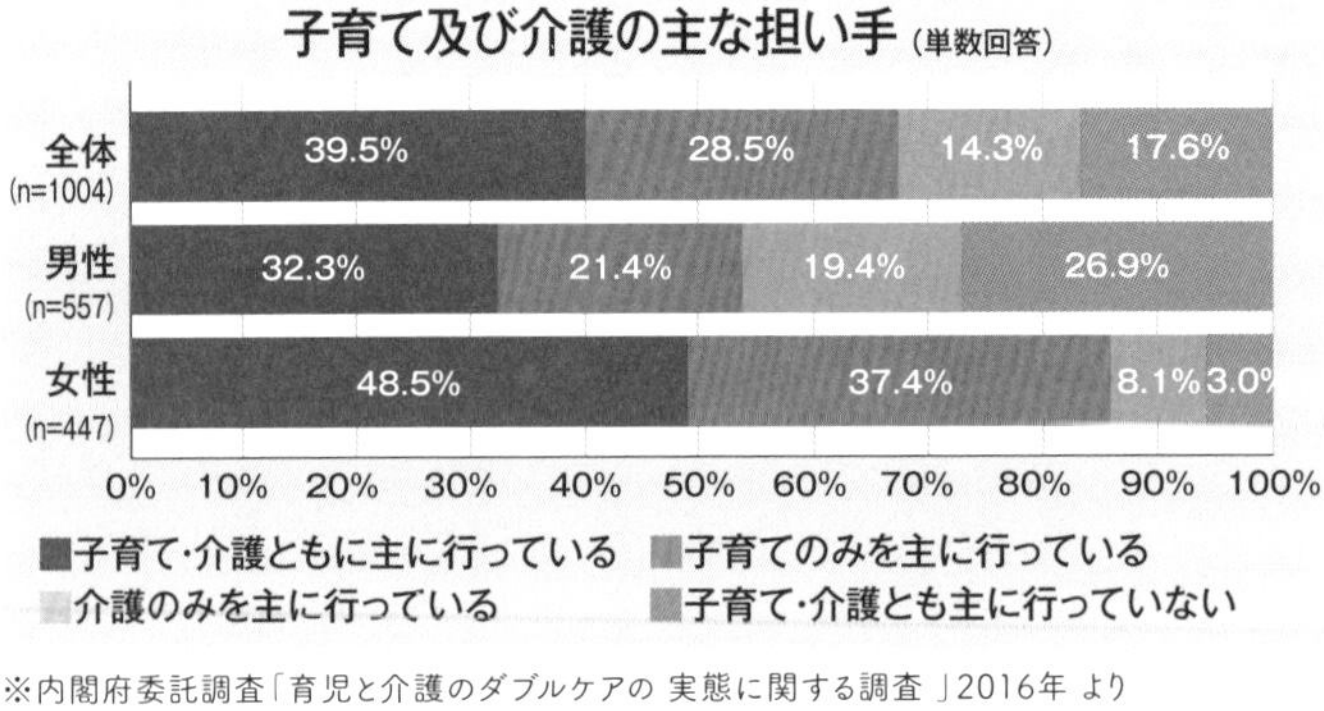

※内閣府委託調査「育児と介護のダブルケアの 実態に関する調査 」2016年 より

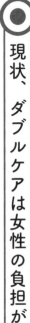

みんなの声
●周りを見ていると介護はやはり女性が中心
●「女性が介護するのは当たり前」と思っている人が多そう

介護スタートを遅らせる工夫などの対策を

介護の負担を少しでも軽くするためには「介護スタートをできるだけ遅くする」という方法があります。具体的には、介護になりそうな状況を早期に発見し、対策を取ることです。例えば認知症などは、早期発見により症状を改善したり、進行スピードをゆるやかにしていくことは可能になります。

また、食生活や運動不足解消などの健康管理を行うことで、病気の進行や発症、転倒などのケガを防ぐことに繋がります。近年は自治体等がフレイル予防（P114参照）としてさまざまな催し物を行っていますので、そういったものに誘ってみるのも良いでしょう。

親をなるべくこまめに見守り、離れて暮らしている場合も連絡を取り合い、些細な変化も見逃さないようにしましょう。

知りたいポイント㉗

子育てと介護を両立しながら「介護離職」を避ける方法は？

answer

介護者のための制度やリモートワークなどをうまく利用して

ダブルケアで「介護離職」を経験した人は1割

親が介護状態になると、子育てと仕事で忙しい日々のなかにさらにやるべきことが増え、どうしても仕事に支障が出てくることが想定されます。いわゆる「介護離職」が頭をよぎる人も多いでしょう。

左ページのデータを見ると、実際に介護離職を選択したダブルケア経験者は全体の1割。男性よりも女性の方が多いことがわかります。

ダブルケアを理由に、仕事をやめたことがあるか（単一回答形式）

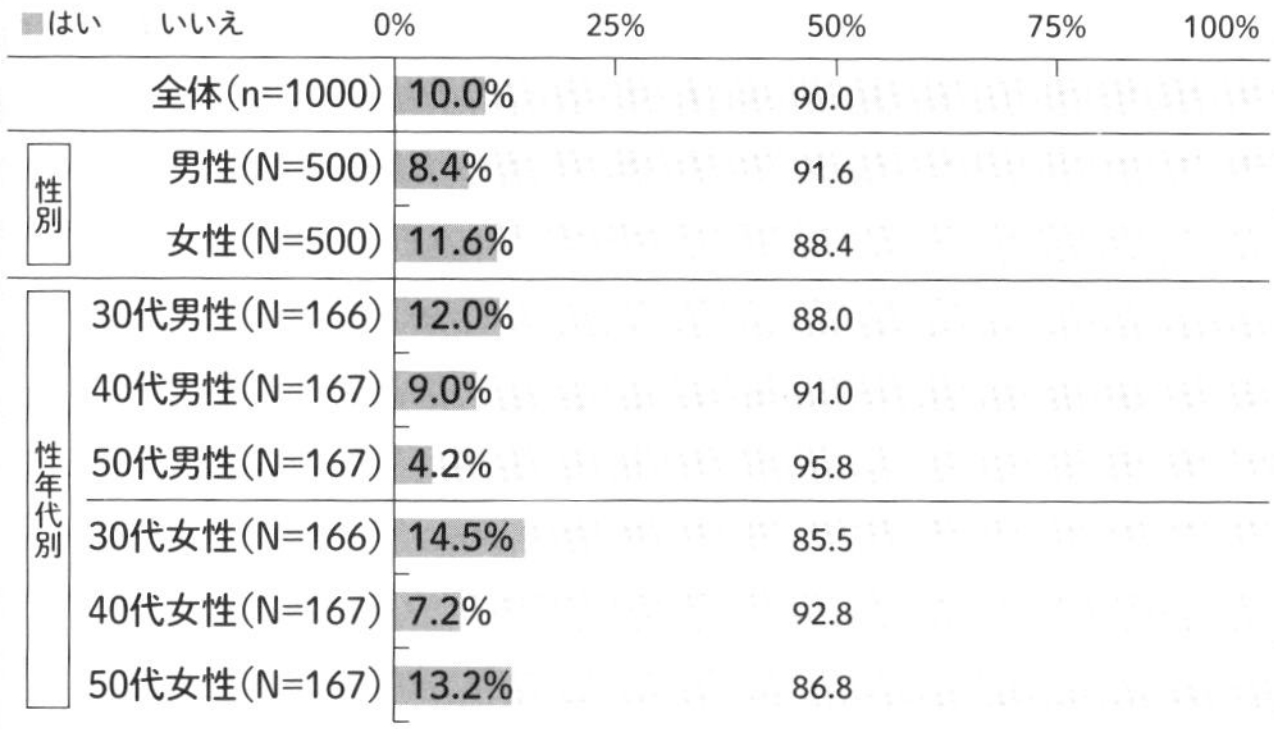

ダブルケアのどのようなことが仕事をやめる要因になったのか

対象：現在、ダブルケアに直面している人（複数回答形式）

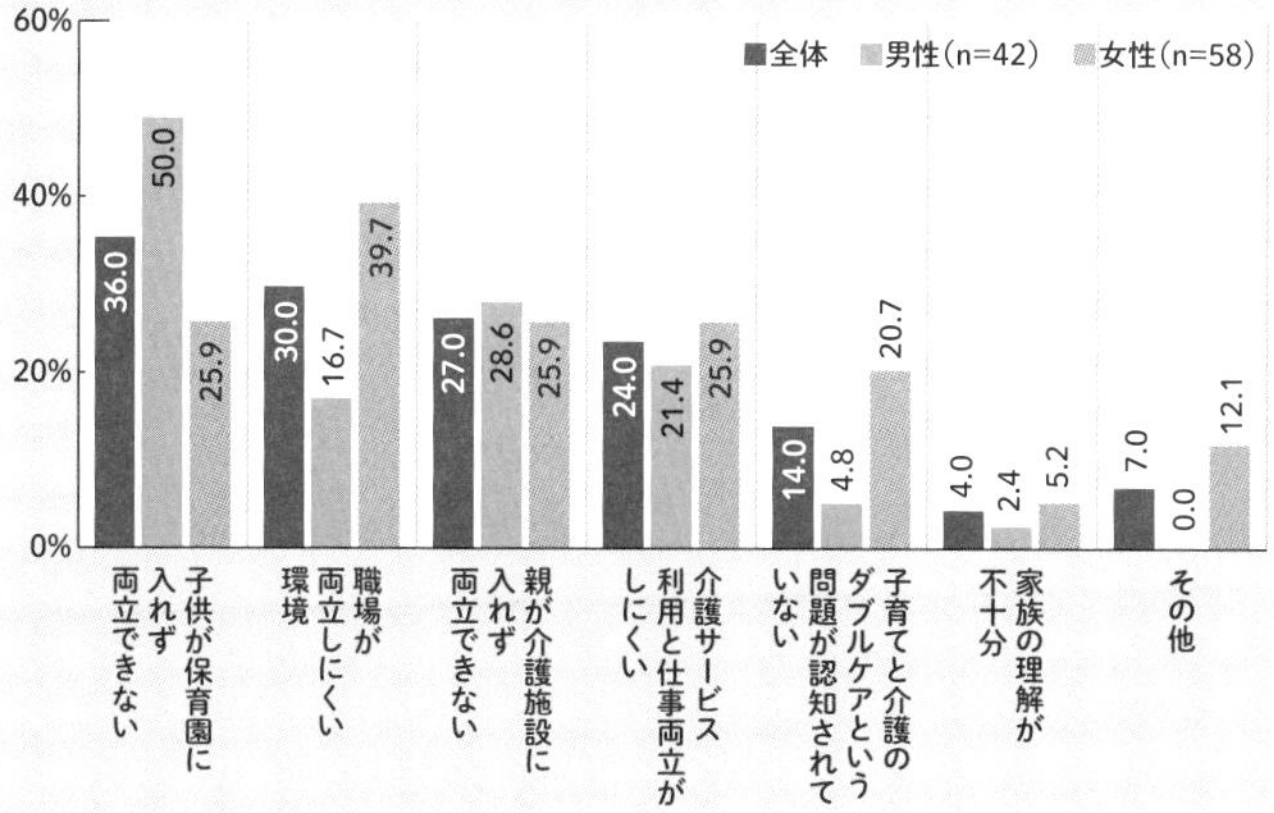

※子育て×介護のダブルケアの量的調査　ソニー生命2018

離職は最後の手段と考えよう

前ページのデータを見ると、30代から50代の女性のうち、ダブルケアで仕事を辞めた人の理由としては「職場が両立しにくい環境だった」が約4割を占めています。

しかし、一時的に精神的・肉体的・時間的余裕がなくなり、心が折れそうになっても、介護離職を選択してしまうのはぜひ避けていただきたいところです。なぜなら、退職によって介護と育児に割く時間は増やすことができるかもしれませんが、この先は教育資金などで子育てにもますますお金がかかる現実が待っているからです。時間ができたとしても、経済的に苦しくなってしまっては精神的に追い詰められてしまうでしょう。

介護が終わった年齢によっては、再就職を試みても、退職前のような待遇、給与での採用は難しい可能性があります。それまでせっかく積み上げてきたキャリアが断絶してしまう、という問題も。なるべくなら介護離職は〝最後の手段〟とし、退職せず乗り切る道を探りましょう。

みんなの声
●就職するときに、子育てしやすい会社の制度はチェックしていても、介護のことは考えていなかった

介護離職を避けるために使える制度も

働きながら介護を行う場合に使える制度も、さまざまなものがあります。P135にまとめているので、これらの制度をうまく使い、離職を避ける方法を検討しましょう。

介護休業・介護休暇・介護短時間勤務制度に関しては育児・介護休業法で定められているもののため、会社に所属している社員であれば取得する権利が認められています。

例えばどうしても介護サービスが手配できない状況や、親に代わって手続きを行うことが必要になった場合は介護休暇を。親が

みんなの声
●子供との時間が少なくなりそう
●子供にも理解してもらうように話している

入院した、施設に入る準備や手続きをしなくてはいけないなどで、一定期間介護体制を整える時間が必要な場合は介護休業を。子育てや介護と仕事のバランスを取るためには介護短時間勤務制度やフレックスタイム制度を利用と、必要に応じて使い分けるのが良いでしょう。

また、新型コロナウイルスの流行により、在宅勤務やリモートワークが可能になった企業が増えてきました。こういった制度もうまく利用して、介護と仕事、子育ての両立を目指しましょう。

働きながら介護を行う場合に使える制度

●**介護休業**……労働者が要介護状態にある対象家族を介護するために取得できる休業。2週間以上の期間にわたり常時介護が必要な状態にある対象家族を介護していることが条件で、通算93日間取得することができる。通算で93日間に収まっていれば、3回までの分割取得が可能。給与は原則無給となるが（会社による）同一の事業主に1年以上雇用されているなど条件を満たせば、雇用保険の介護休業給付金をもらうことが可能で、給料の67％が保証される。介護休業に関しては同一の事業主での雇用期間が1年以上であること、介護休業開始予定日から93日を経過する日を超えて引き続き雇用されることが見込まれるという条件を満たせば、非正規雇用者でも使うことが可能

●**介護休暇**……対象家族1人あたり年間最大5日（2人の場合は最大10日）が使用可能で、当日でも申請が可能。条件は雇用期間が6カ月以上であること、要介護状態の対象家族を介護していること。原則として無給（会社による）。時間単位での取得が可能

●**介護短時間勤務制度**……2週間以上要介護状態の家族を介護するために、勤務時間を短縮できる制度。企業は介護に直面した社員のために、短時間勤務制度、フレックスタイム制度、時差出勤制度、介護費用の助成措置のうち1つ以上を設けなければならないと定められている。最大3年間のうち2回以上使用可能

知りたいポイント㉘

介護の間、子供とどう向き合えばいい？

answer

介護の状況を子供がわかる言葉でちゃんと伝えよう

子供とのコミュニケーションを大切に

これまでは仕事と育児の両立をなんとかこなしていたのに、介護に時間が取られるようになり、子供との時間が少なくなった。子供が我慢しているのが感じられて辛い、などと思うこともあるかもし

れません。

実際、ダブルケアを経験した人の中には「子供とのコミュニケーションをもっと優先させればよかった」と後悔している人もいます。そういった後悔を減らすためにも、日常でのコミュニケーションの仕方を少し工夫してみましょう。

●子供が話をしたがったときはできる限り聞く。話を聞くことが難しいタイミングのときは、「後でね」ではなく、「この◯◯が終わったらお話聞かせてね」と、具体的に話ができるタイミングを伝えることで、子供に安心感を与えるように。

●移動中や食事中、子供とお風呂に入っているとき、寝る前の時間など、ちょっとした時間でも子供とコミュニケーションを取る時間を確保。

みんなの声
●どうしても親のことで不在にすることが増えて、子供に寂しい思いをさせていないかが心配

●小学生くらいになれば、十分にいろいろな状況がわかるもの。子供扱いせず、祖父母がどんな状況で、助けを必要としていることを率直に話す。

こういったことを心がけ、短時間であっても子供たちに向き合っていきましょう。

介護がスタートしたばかりの時期は、調整や処理をしなければならないことが一気に押し寄せてくるので、どうしても目の前のことに対処することで手一杯になってしまうもの。しかし同時に介護は、P62の介護保険制度や、P94の民間のサービスなど、いろいろと利用できる制度やサービスが整っている分野でもあります。

外注で頼める部分はうまく利用し、空いた時間は子供たちとの時間、そして自分のケアに使うようにしましょう。自分の親と過ごす時間を適切なプロに適宜任せることで、余計な感情の衝突を避ける

みんなの声
●休日、子供と過ごす時間が減って寂しい
●施設の面会はなるべく子連れで行っています

という効果もあります。そうやって〝自分を追い詰めすぎない・頑張りすぎない〟ことも大切なことなのです。

「老い」を教える機会でもあると考えよう

子供がまだ幼い場合は、事情を説明しても「介護」という状況を理解できないこともあるでしょう。しかし、自分の祖父祖母が前より弱ってしまった、元気がないなどは幼い年齢であっても理解することができます。

介護は、人はいずれ老い、そして死を迎えるということを教えるいい機会でもあります。それを目の当たりにし、母や父が祖父母の介護をすることで、子供に優しさや思いやりの心が育つ機会にもなると考えましょう。

知りたいポイント㉙

ダブルケアの悩み、誰に相談できる？

answer

相談窓口や支援団体は増えている

悩みや不安、情報を共有できる「ダブルケアカフェ」

ダブルケアの悩みを語り合う場は今、全国各地で増えつつあります。代表的なものに「ダブルケアカフェ」があり、2023年12月現在、全国に支援関連団体は15。オンライン・ミーティングや対面などさまざまな形で、参加者が日頃の悩みを吐き出したり、情報交換を行う会が催されています。

オンライン開催なら、自宅からパソコンやスマートフォンでも参加可能。抱えている悩みや困りごとなど、同じ状況にいる人たちと話をして感情を共有するだけでも、少し心がフッと軽くなるものです。ストレスが溜まりがちな介護生活。**積極的に気持ちを発散する時間を作るようにしましょう**。

「ダブルケアカフェ」以外にも、ダブルケアに悩む人に向けた支援活動の輪は広がっています。自治体主導の催し物もあれば、ＮＰＯなどが主催していることや、ダブルケアに関する冊子などを配布していることも。地元の地域包括支援センターや社会福祉協議会などでそういった情報を取りまとめていることが多いので、興味がある方は問い合わせてみましょう。「ダブルケアカフェ」の開催情報や、利用できる支援サービスの情報などを知ることができます。

これって何？

社会福祉協議会
民生委員・児童委員、社会福祉施設やその関係者などが運営する民間の福祉団体。

「子育て支援」の機関にも相談できる

介護によるストレスでついイライラしてしまい、子供との関係性がうまくいかなくなってきたり、子育ての悩みが増えてきている……そんな場合は、地域の子育て支援センターや児童館などで相談をしてみましょう。

また、居住自治体の児童相談所もそういった子育てに関する悩みを幅広く受け付けています。児童相談所は実は、子育てに関するさまざまな悩み相談も受け付けている機関。ダブルケアは、肉体的にも精神的にも辛いことが続くもの。**追い詰められてしまい「子供に辛く当たってしまう」ということが増えてきた場合は、迷わず相談してみましょう。**

子育てに限らず、自分自身の気持ちが不安定になっている場合は、自治体の悩み相談窓口などで話を聞いてもらうのも有効です。

これって何？

児童相談所相談専用ダイヤル

児童相談所では子供との関係性や子育ての悩み、ヤングケアラーなど子供の福祉に関するさまざまな相談を受け付けている。匿名での相談が可能。フリーダイヤル0120−189−783

みんなの声
●悩みや愚痴を聞いてほしいが、そんな場がない
●友人とのランチで話を聞いてもらっている

身近なダブルケアの友人ともコミュニケーション

自分の感情を言葉にして他者に伝え、共感してもらうというのは、ストレスケアにとても有効な方法です。

そのためにも、同じようなダブルケアの状況の友達や、子育てと仕事の両立で悩むママ友など、話ができそうな友人関係を日頃から作っておくことが大事。前述の「ダブルケアカフェ」などを利用し、知人を作っても良いでしょう。

自分だけで抱えていると、どんどんネガティブになってしまうもの。子供に優しくできなくなったり、介護している親にも辛く当たってしまうかもしれません。

「あるある」「わかる」といった自分の現状を肯定してもらえる機会をたくさんつくることで、メンタルも安定します。

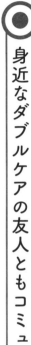

知りたいポイント㉚

介護中に使える子育てサポート情報を知りたい

answer

介護を理由に使える支援もあるので、情報収集を

「介護」を理由として保育園や学童保育の利用が可能

既に共働きで働いている方であれば、保育園や学童保育（放課後児童クラブ）を利用している人が大半だと思います。しかし、これまで自宅保育だった、パートタイム勤務のため幼稚園やこども園を

みんなの声
●仕事をしていないと保育所に入れない
●保育所激戦地で入園を諦めています

利用していたり、学童保育を利用しなくても良かったという人が、介護を機に「子供を預ける場所で悩む」というケースも。

保育園や学童保育は「保育を必要とする」「児童の支援が必要である」ことが利用する条件のため、勤務状況や家庭の状況などの資料を提出し、それぞれの家庭の調整指数（点数）により利用できるかどうかが決まります。

多くの自治体では「介護」は調整指数としてカウントされるため、**「これまでは点数が足りなくて保育園や学童に入れなかった」という人でも利用可能になる場合があります。**各自治体で要介護度などの条件が異なっていますので、まずは居住自治体の窓口に問い合わせてみましょう。

また、こども家庭庁が2023年に発表した「こども誰でも通園制度」は、0～2歳の子供に対し月に一定時間までの利用可能枠の中であれば、就労要件を問わず保育園に通園できる制度。既にモデル事業も東京23区ではスタートしています。上限は現状では月に10時間のため、週に1回程度の付き添いで良い場合などはこういう制度などを利用しても良いでしょう。

一時保育やシッターなどの行政サポートも活用を

家事代行やベビーシッター、ファミリーサポートなど、民間・行政の子育て支援サービスなど、介護との両立を子育ての面からサポートしてもらえる制度を積極的に探して利用しましょう。

ベビーシッターや家事代行を利用する人向けに補助金を出している自治体も増えてきているので、まずは居住自治体でそういったサービスが使えないかを調べてみましょう。会社づとめの人は、会社の福利厚生でベビーシッター利用のクーポンを取得できる場合もあります。

これって何?

ファミリーサポート

居住地の社会福祉協議会が実施している子育て支援の相互援助の仕組み。近隣の援助会員の人とマッチングすることで、子供の見守りや習い事への送迎などをお願いすることができる。1時間800〜1000円が一般的。

みんなの声
●子供と親を一緒に連れていって
それぞれが楽しめる支援施設が欲しい

「多世代交流の場」が増えてきている

近年、多世代間交流を推進し、「地域包括ケアシステム」をしっかりと構築していくという目的から、老人ホームや高齢者用集合住宅などの高齢者用の施設と、保育園や学童保育などの子育て支援施設を同じ場所に建設する場所が増えてきています。

多数の福祉サービスを運営する民間事業者が手掛ける場合もあれば、地域の福祉サービスの拠点として行政が開設する場合も。例えば港区にある「芝浦アイランド児童高齢者交流プラザ」は、子育て世代の方から高齢者の方までの〝共生の場〟として港区が２００７年に開設（２０２３年現在は東京ＹＭＣＡが運営）。１つの施設の中で、乳幼児親子から高齢者までが楽しめるさまざまな催し物が行われています。こういった「介護と子育ての両方の世代が交流できる施設」の増加が、今後さらに期待されます。

知りたいポイント㉛

「ダブルケアで共倒れしない」ためには？

answer

自分の中の「思い込み」を捨て優先順位をつけていこう

「子供だからやらなければならない」と思わない

親の介護に直面したとき、多くの人が「血の繋がった親の介護をするのは当たり前だし、仕方がない」と思い、我慢をしてしまうのではないでしょうか？

みんなの声
●親の面倒を見ないと人でなしと言われそう…
●一人っ子なので「介護は当たり前」と思われている

確かに、民法で定められた「扶養義務」の中に、「親の介護」があります。身の回りの面倒を見る義務と経済的に扶養する義務、この2つが法律では定められています。扶養義務があるのは、自分の祖父母・父母・子孫及び兄弟姉妹、親の配偶者です。自分の子供の配偶者には扶養義務がありません。

この法律に加え、「親戚や周囲の人たちに何を言われるか……」と世間の目が気になることもあるでしょう。本当は業者や他の人に任せてしまいたいけど「子供なのに面倒を見ないなんて」と言われてしまう。それが気になるという人も多いはずです。

だからといって「子供である自分が全て負わなくては」と思い込むと、追い詰められてしまいます。ただでさえ、日々想定外のトラブルが起こりがちな子育ての最中であれば、日常の仕事と両立しているだけでも精一杯。これに同時進行で介護が加わることで、限界となってしまう可能性も。

これって何？

扶養義務

一定範囲内の近親者が、未成熟の子や高齢、傷害、病気、失業等のために経済的に自立できない人を支援しなければならない義務のこと。扶養されるべき人は扶養義務を負っている人に対し経済的援助を求めることができる。

「共倒れ」を防ぐためには、まずは「自分が全てなんとかするべき」という思い込みを外し、「できることは行う」と考えるようにしましょう。そしてその上で、介護も子育ても、なるべく外部サポートや行政の支援など、使えるものは使う、と発想を切り替えることが大切です。ダブルケアを乗り切るために必要なのは、「自分を追い込む考え」を捨てることなのです。

大きな選択をする場合は長期的視野を持って

介護離職はなるべく避けたい「最終手段」ではありますが、どうしても状況的に仕方がないかも……と悩む人もいるでしょう。

ただ、仕事を続けることは収入面以外にもメリットがあります。

女性は妻、母親、娘などいろいろな立場を持っていますが、「私」という個人の存在になれることも、仕事を続ける意味として大きいの

みんなの声

●「仕事を辞めてしまったら楽なんだろうな」と思うけど、子供の教育資金を考えると辞められない

ではないでしょうか。仕事を辞めるのはいつでもできること。そのため、勢いではなく**長期的視野、自分の人生を俯瞰で見て、どうするかを決めましょう。**

もちろんその上で、「今は育児と介護に専念する」という決断をすることも選択肢の1つ。きちんと考えた末なら、人生の選択の結果として尊重されるべきことです。悔いのない人生を送るためにも、さまざまな角度から考えてみましょう。

知りたいポイント㉜

パートナーに協力してもらうには？

answer

介護を機会にしっかり向き合ってみよう

介護中はこれまで以上にコミュニケーションを

子育て中に介護が発生すると、それまで以上に家族の連携が重要になります。介護スタート前は、育児・家事をどのように分担していたか、介護スタート後は、その分担をどのように変更するかを相談する必要があります。

しかし、どうしても女性はパートナーに頼れない、お願いするのを

みんなの声
●夫は仕事ばかり。自分だけ頑張っているようで不満がつのります

躊躇してしまう傾向があり、自分の負担ばかりが増えてしまうことが多いようです。

さらに仕事や介護、育児に追われていると、パートナーと話すときにいちいち説明するのが煩わしくなり「なんでわかってくれないの」と思う妻と「言ってくれればわかるのに」と思っている夫とで気持ちにズレが生じ、ケンカに繋がってしまう場合も少なくありません。

それを防ぐためにも、**介護中はこれまで以上に夫・パートナーとの情報共有を意識していきましょう**。なるべく時間を見つけて、自分が今抱えている状況や、やらなくてはいけないことを話し、子育てや家事に関する具体的な要望を伝えていきます。

例えばスケジュール共有アプリなどを利用する、家族の予定は同じカレンダーに書き込むなどのルールを決めておき、お互いのスケジュールや習い事の送迎担当などを可視化するのも1つの方法です。

これって何?

スケジュール共有アプリ

近年はスマートフォンを使い、手軽にスケジュール共有ができるアプリが多数登場。子供がスマホを持っている世代なら子供たちとも共有することで、顔を合わせる時間が少なくとも先々の予定を確認できる。

みんなの声
●家事分担などでたくさん夫とケンカしたけど、これまで言えなかったことを話し合うきっかけにもなった

夫婦関係を見直すチャンスと思おう

もしもこれまで、家庭内でパートナーが家事をあまり担当していない場合は、これを機に洗濯や食器洗いなどの家事を頼んでみましょう。

ただ、頼んではみたものの「洗濯物を干してもらったらシワシワのままだった」「食器を洗ってもまだ汚れが落ちていない」と不満が残る……というのはよくあること。しかしそういうときは自分のやり方を押し付け、できないことを非難するのではなく「できている部分を評価する」ようにしましょう。

そうやって家事や子育てで協力してもらえる部分を広げていくことは、将来的に必ず役に立つはずです。なぜならこの先、夫婦のどちらかが病気になった、入院したなど、突発的な事態というのは十分起こりえることだからです。

みんなの声

- 夫は家事が下手だが協力的。子供を見てくれるので助かっている。
- 介護がきっかけで夫婦の関係を見直した

また、不満があったらこまめに伝えましょう。ただし、いきなり不満を言うのではなく「話があるから聞いてほしい」「これを解決したいから、一緒に考えてほしい」というように、まず「何をしてほしいか」伝えてから話し合うというスタンスを意識すると、話し合いもスムーズに。

ダブルケアは子供や親の体調変化など大変な時もありますが、人生にはこの先もさまざまな局面が待ち構えているもの。この先には、自分やパートナーの老々介護という状況もあるのです。そうなったときのためにも夫婦関係を見直し、お互いに支え合っていける関係性を作る……今陥っている「ピンチ」は、未来のための「チャンス」だと思いましょう。

これって何？

老々介護

高齢者の介護を高齢者が行うことで、主に65歳以上の高齢の夫婦や親子、兄弟などのどちらかが介護者であり、もう一方が介護される側となるケースを指す。

介護プラン記入シート 付録

いざ介護が必要になったときに慌てないために
親と話し合い、介護プランや情報を書き込んでおきましょう。

基本情報

名前	フリガナ	生年月日	歳 年　月　日

血液型	型	身長	cm	体重	kg

アレルギーなどの留意点	

健康保険証	種類	番号	保管場所
後期高齢者医療保険証	番号		保管場所
介護保険被保険者証	番号		保管場所

かかりつけ医

病院名		電話番号	
住所			
診療科		担当医名	

病歴

病名	現在の状態	病院名	処方されている薬
	治癒・治療中		
	治癒・治療中		
	治癒・治療中		
	治癒・治療中		

介護の方針

●介護場所

□自宅希望　□施設希望　□その他（　　　　　　　　　　）

●在宅介護の場合、希望する介護者は？

□家族に介護してほしい（主な介護者　　　　　　　　　　）

□外部のヘルパーからサービスを受けたい

●在宅介護の場合、どのサービスを多く使いたい？

□自宅に来てもらう訪問型サービス

□施設に通う通所サービス

□施設に泊まって介護を受ける短期入所サービス

●施設介護の場合、希望する施設は？

□サービス付き高齢者向け住宅　□特別養護老人ホーム

□介護付き有料老人ホーム　□認知症対応型グループホーム

□その他　□特に希望なし

●施設の立地の希望

□自宅の近く　□別居している家族の近く

□生まれ故郷　□その他（　　　　　　　　　　）

●介護のお金のかけ方は

□できるだけお金をかけたい　□資金の範囲内でお金をかけたい

□毎月の年金の範囲内　□なるべくお金をかけたくない

●介護保険サービスが使える生活支援の希望

□掃除　□洗濯　□衣服の整理　□食事の準備　□買い物（生活必需品）

□薬の受け取り　□シーツ交換　□ゴミ出し

●介護保険外の希望サービス

□買い物（生活必需品以外）　□花木の水やり

□同居家族のための掃除・洗濯・料理など

□定期的な見守り　□冠婚葬祭や外出の付き添い

□配食サービス　□介護タクシー

□訪問美容　□ペットの世話

最寄りの地域包括支援センターの連絡先

TEL　　　　　　　　　　担当者

まとめ

第5章

子育て中の介護、どう乗り切る？

- 子育ても介護も、女性に負担が大きいという現実がある
- 介護離職を避けるためにも国の制度、会社の制度をフル活用しよう
- 介護は「老い」を教える機会。子供には介護の状況を説明しよう
- 悩み相談ができる「ダブルケアカフェ」など気持ちを共有できる場を持とう
- 介護は、夫婦のコミュニケーションを見直すいい機会

おわりに

「親の介護」は、けして楽なものではありません。

親の「老い」と向き合い、いつ終わるかわからない介護と仕事を両立させるという苦しい状況の中で、自分のキャリアをどう継続していくか。日々成長していく子供たちとどう向き合い、今しか得られない「子育ての時間」を大切にしていくか。その狭間で悩んでしまう……その苦しさこそが「ダブルケア」の問題と言えるでしょう。

しかし、そういった現状で悩む人のために、さまざまなサービスや利用できる制度が登場しています。そういった知識を身に付けた上で、「自分だけの責任」と背負い込まず、うまく周囲やサービスを頼ること、それが介護生活を乗り切るポイント。その手助けとして、本書を活用していただければと思います。

1000人の「そこが知りたい!」を集めました
仕事や育児と両立できる 共倒れしない介護

2024年2月14日　第1刷発行

発行所　株式会社オレンジページ
〒108-8357 東京都港区三田1-4-28 三田国際ビル
電話　ご意見ダイヤル 03-3456-6672
販売（書店専用ダイヤル）03-3456-6676
販売（読者注文ダイヤル）0120-580799
発行人　鈴木善行
印刷　株式会社シナノ　Printed in Japan

監修　NPO法人 こだまの集い 代表理事
看護師・介護福祉士　室津 瞳
日本社会事業大学 非常勤講師　増田裕子
編集協力　株式会社フリート（中川純一　柴野可南子　星 咲良　阿山咲春　菊池里菜）
校正　みね工房
ライティング　川口有紀　村田泰子
デザイン　笛木 暁　風間 真
イラスト・漫画　新里 碧
編集　今田光子　菊地絵里